초보 팀장의 가장 사적이고 치열한 리더십 일기장

달
북

리더로 거듭나는 순간, 그 떨림에 대하여

봄, 설렘과 출발

여름, 불타는 의욕과 갈등

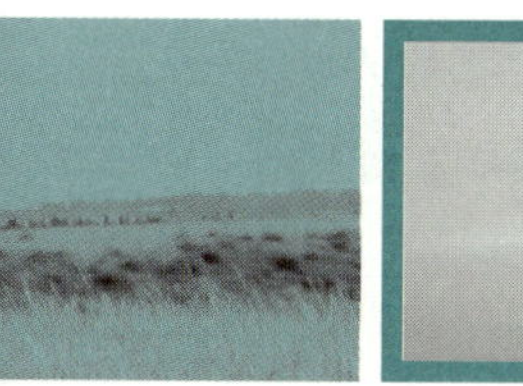

가을, 수확의 길목에서

겨울,
어제보다 더 나은 내일을 준비하며

리더가 되던 날 모든 것이 달라졌다

많은 사람들이 처음 운전면허증을 발급받았을 때의 설렘과 흥분을 잊지 못한다. 당장이라도 차를 몰고 나가 영화 속의 한 장면처럼 시원한 바람을 가르며 탁 트인 고속도로를 달리는 상상을 해본다. 그런데 막상 운전대를 잡은 현실은 상상의 세계와는 전혀 다르게 전개된다. 차가 움직이는 순간 충만했던 자신감은 사라지고 갑작스런 속도감에 두려움이 엄습해온다. 코너를 돌기 위해 핸들을 얼마나 돌려야 할지 감각도 없고, 차선을 바꾸는 것은 엄두도 내지 못한다. 뒤에서 경적이 울리기라도 하면 온 몸이 얼어붙고 식은 땀이 등줄기를 타고 내린다. 주차를 하기 위해 10분도 넘게 전진 후진을 반복하고 있는 나를 발견하기도 한다. 그러다 결국 포기하고 주변 사람에게 맡기기도 한다.

누구에게나 초보시절은 있다. 서투른 경험과 반복되는 실수의 시기를 딛고 나아가다 보면 조금씩 자신감이 쌓이고, 어느 시점에 이르러서는 자연스럽게 운전을 할 수 있게 된다. 초보시절은 온통 실수의 연속이다. 그러나 그 실수를 극복하고 똑같은 실수를 반복하지 않도록 연습을 하다 보면 언젠가 고수의 경지에 오르게 되는 날이 온다. 실수

자체가 배움의 과정이다.

뛰어난 리더들에게도 초보시절은 있었다. 그들 또한 수없이 많은 실수를 저지르고 실패도 겪었을 것이다. 그들도 인간이기 때문에 잘 못도 하고 후회도 한다. 때론 약해지기도 하고 감정에 휘둘리기도 한 다. 서툴렀던 경험과 고뇌의 시간이 켜켜이 쌓였을 것이다. 그러므로 실수를 몇 번 했다고 해서 기죽을 필요도 없고 지나치게 자책할 필요 도 없다. 오늘의 실패와 실수를 딛고 오른다면 내일은 조금 더 나아 간 자신을 발견할 것이고, 1년쯤 지나면 훌쩍 성장한 모습에 스스로 감탄하게 될 것이기 때문이다.

그러나 시간이 흐른다고 해서 혹은 높은 지위에 오른다고 해서 모든 사람이 갑자기 유능한 리더가 되는 것은 아니다. 어제까지 주어진 일만 열심히 하던 사람이 오늘부터 사람들을 이끄는 역할을 훌륭히 수행해내 기란 쉽지 않다.

나는 본격적인 겨울이 시작된 지 얼마 되지 않은 어느 날, 중간관리 자의 역할을 수행하라는 지시를 받았다. 조금은 기다렸던 상황이었지만,

두려웠다. 암담했고 무엇을 어떻게 해야 할지 몰랐다. 첫 날, 나는 아무 것도 할 수 없었다. 리더십과 관련된 책은 '이렇게 해야 한다.'는 원칙과 방향은 제시하고 있었지만, 나의 일상에서 구체적으로 어떻게 적용해야 할지 내 손에는 잡히지 않았다.

그래서 나는 일기를 쓰기 시작했다. 좀 더 정확히 말하면 그 날 있었던 사건을 회상하고 기록하며 반추해보는 시간을 가졌다. 리더로서 내가 잘 한 것은 무엇이었고 잘못한 점은 무엇이었는지, 그리고 어떻게 하는 것이 더 나은 방향일지 모색한 결과를 써보기로 한 것이다. 나름 최선을 다해 보낸 오늘 하루가, 어제보다는 조금 더 나아진 하루였음을 확인하고 싶었다.

처음엔 너무도 엉성했다. 무엇을 하나 하더라도 서툴렀고 허점투성이였기에 좌절했다. 도무지 제대로 된 것이라고는 찾아볼 수 없었다. 나의 리더십 자질은 기껏해야 대형창고 속을 떠도는 먼지 한두 점 정도로 미미하게 느껴졌다. 나아질 기미가 보이지 않았다. 그래도 계속 썼다. 나는 존경 받는 좋은 리더가 되고 싶었고, 하나씩 채워지는 모습을 눈으로 확인하고 싶었다. 스스로 증거이고 싶었다. 서툴지만 실수를 통해 배우고 싶었다. 그 날의 실수를 기록하고 다음에 똑같은 상황이 닥쳤을 때는 같은 실수를 반복하지는 않으리라 다짐했다.

조직의 중간 관리자로서 어떻게 하는 것이 구성원과 조직 모두에게 도움이 될 수 있을까? 구성원들이 조직에서 만족을 얻고 동시에 조직이 기대하는 성과도 달성할 수 있는 방법은 무엇일까? 이런 질문은 처음으로 관리자 혹은 리더의 자리에 앉은 사람들의 공통된 고민거리다. 사실, 팀원으로서 일할 때는 종종 술자리에서 상사들을 안주 삼아 씹곤 했다. 그들의 미숙한 부분을 비꼬기도 하고, 때로는 광분하기도 했다. 그런데 막상 내가 그 자리에 앉아보니 선배들이 그렇게 존경스러워 보일 수가 없었다. 너무도 커 보이고 어떤 분들은 위대해 보이기까지 했다.

이 책에서 나는 기업이라는 조직의 현장에서 처음으로 리더의 위치에 올라 초보 리더로서 겪은 좌충우돌의 순간과 생생한 느낌을 기록했다. 첫 경험이었기 때문에 분명 매끄럽지 못하고 미숙한 점들이 많았다. 후배들의 마음을 헤아리지 못하여 상처를 주기도 하고, 때로는 스스로 상처를 받기도 했다. 이 때문에 내 자신이 부끄러웠을 때도 많았고 미안해서 어찌할 바를 몰랐던 적도 있었다. 그러나 실수연발의 경험과 성찰을 통해 어제보다 조금 더 채워지고 익어갔다고 믿는다. 채움과 성숙은 체험과 고뇌의 소산이라 믿기 때문이다.

날짜와 사건, 성찰의 기록인 일기 형식을 빌어 그 날의 사건을 통해 내가 깨달은 것들을 나누고자 한다. 그리고 내가 리더십을 체험하는 동안 모색하고 실험했던 몇 가지 방법도 공유하여 흥미를 느끼는 독자들이 현장에서 실험해 볼 수 있도록 한다. 나의 경험과 성찰의 공유가 처음으로 리더의 위치에 올라 서툰 발걸음을 떼어 놓아야 하는 많은 이들과 지금 그 길을 걷고 있는 이들에게 공감과 위안을 주고, 조금 더 나은 길을 찾는 데 하나의 단서를 제공해 줄 수 있기를 기대한다.

리더로 거듭나는 순간,
그 떨림에 대하여

기회는 예고 없이 찾아온다. 처음 리더가 되는 순간도 마찬가지다.
기쁨도 잠시, 밀려드는 일 속에서 초보리더는 '리더란 무엇일까'에 대해 고민하기 시작한다.

"팀을 맡아주어야겠다!"

봄날 같은 겨울이 며칠째 이어지고 있다.

3평 남짓한 TFT(태스크포스팀) 사무실 남쪽으로 난 통유리 창을 통해 들어온 햇살이 실크처럼 부드럽다. 담 모퉁이에 쪼그리고 앉아 햇빛을 쬐고 있는 병아리 마냥 졸린 눈을 하고 있는데 후배 한 명이 들어와서 부장님께서 나를 찾으신다고 했다. 사무실 한 켠에 마련된 강사대기실로 들어섰다. 세월만큼이나 낡아 버린 소파 다섯 개가 눈에 들어온다. 출입문 옆에 있는 탁자 위에 일회용 커피와 녹차가 가지런히 놓여 있고, 물이 절반쯤 남아 있는 정수기가 서 있었다.

"내년에 경영교육팀을 맡아줘야겠다."

다짜고짜 뱉으시는 부장님의 말씀에 내 눈이 동그래졌다. 연말이라 조직개편에 관한 이런 저런 이야기가 무성하게 떠돌았지만 나에 관한 소문은 어디에도 없었다. 게다가 나는 경력사원이었지만, 입사한 지 1년도 채 되지 않았기 때문에 생각지도 못한 일이었다. 그런데 팀장이라니?

이전 직장에서 3년 전쯤에 프로젝트 리더를 수행해 본 경험이 있었다. 나는 '성과를 내야 한다.'는 심한 압박감에 시달렸던 그 때의 기억이 떠올랐다. 리더의 자리는 책임지는 자리다. 물론 개인도 자신의 일에 책임을 지기는 하지만, 리더는 자신 뿐만 아니라 조직의 성과에 대해서도 책임을 져야 한다. 부장님께서 팀 운영에 대한 이런 저런 말씀을 하셨지만 귓가에서 붕붕거리기만 할 뿐 머리 속으로 들어오지 않았다.

블라인드를 열고 창 밖을 바라보았다. 두꺼운 유리로 소음이 차단된 5층 사무실에서 내다보는 도시는 무성영화의 한 장면처럼 고요하게 흐르고 있었다. 신호에 따라 질서정연하게 움직이는 자동차들의 행렬에 시선을 고정하고 있었지만 초점은 없었다. 고민에 빠졌다. 한 조직의 리더가 된다는 생각에 가슴이 벅차고 설레기도 했지만 '잘 해낼 수 있을까?' 하는 막연한 두려움이 머리 속에서 떠나질 않았다. 조직에서 어느 정도 시간이 흘렀고, 동기들 중에 이미 리더로서 역할을 수행하고 있는 이들도 몇몇 있었기 때문에 어느 정도 기대는 있었던 것도 사실이다. 그런데 막상 그것이 현실로 다가오자 당황스러웠다. 머리가 엉킨 실타래처럼 복잡했다.

과정개발실 옆에 마련된 자료실 책장 앞에 섰다. 과장진급교육, 신임팀장교육, 목표관리교육, 평가관리, 코칭스킬, 팀장성과관리, 고성과조직 만들기, Senior Interaction Skill 과정, 관리기초과정……. 그동안 직접 참여해서 개발했거나 운영했던 리더십과 관련된 교육 과정의 교재와 자료들이 서고 정중앙에 가지런히 정렬되어 있다. 그 옆으로 원칙중심의 리더십, 이슈 리더십, 감성의 리더십, 서번트 리더십, 팀 심리코칭, 리더십 파이프라인, 거인들의 발자국, CEO히딩크, LET, WOW 프로젝트 …… 리더십과 팀 성과 향상에 관한 책들이 5단 책장을 가득 메우고 있었다.

그동안 교육을 하면서 리더들에게 끊임없이 요구했던 것들을 내가 직접 경험하게 될 것이다. 우리 조직의 리더들이 왜 배운 대로 행동하기 힘들었는지 체험하게 될 것이다. 처음 해보는 역할이라 실수도 많을 것이고 어설픈 짓도 많이 하게 될 것이다. 때로는 후배들에게 상처를 주기도 할 것이고, 또 어떤 때는 내가 상처를 받기도 할 것이다. 상처가 아무는 만큼 나의 하루는 채워지고 익어갈 것이다. 리더가 겪는 모든 상황을 온 몸으로 느끼게 될 것이다. 내가 한층 성장할 것임을 믿는다. 큰 리더가 되기 위한 연습을 할 수 있는 소중한 기회가 될 것이다. 작은 책임을 연습해보는 것이 더 큰 책임을 맡았을 때 실수를 줄이고 보다 잘 해낼 수 있는 방법일 것이다.

처음부터 잘 한 사람은 없었으리라 스스로 위로했다. 하다 보면 조금씩 나아질 것이다. 모든 리더들이 처음부터 잘 했던 건 아닐 것이다. 그들도 처음엔 나처럼 막막했을 것이고, 두려웠을 것이다. 실수도 했을 것이다. 때론 어처구니없는 실수도 저질렀을 것이다.

나에게는 언제나 든든한 부장님도 뒤에 계시다. 힘들 때는 부장님의 조언과 도움으로 극복해 낼 수 있을 것이다. 훌륭한 멘토를 두었으니 뭐가 걱정일까? 여기까지 생각이 미치자 다소 안심이 되기 시작했다. 나는 드디어 나에게 주어진 역할을 받아들이기로 했다. 가슴이 뜨거워지고 얼굴이 상기되었다.

리더가 되고 나서
달라진 것들

연휴를 보내고 새해 첫 출근을 했다. 매서운 바람이 부는 바깥과는 달리 사무실은 따뜻했다. 커피 한 잔을 마시며 이 달에 계획된 업무들을 살펴보고 점검해야 할 내용을 정리했다. 커피 향이 달콤했다. 가끔 바람이 창을 때리고 지나가는 소리가 들리긴 했지만 실내는 평온했다.

잠시 후 팀원들이 출근하기 시작했다. 나는 손을 들어 인사를 했다.

"안녕하세요~."

상일이가 환한 미소를 지으며 큰 소리로 인사를 했다. 그런데 뒤따라 들어오던 여사원 둘이 인사를 하다 묘한 표정을 지었다. 저희들끼리 뭔가 소곤소곤 하더니 자리에 앉았다. 그 중 한 명은 나를 힐끔 쳐다보다가 나와 눈이 마주치자 이내 얼굴을 돌려 분주한 척을 한다. 지난 금요일 나는 자리를 옮겼다. 부장님 책상 바로 앞, 팀원들을 향해 놓인 자리였다. 한 눈에 그들의 모습이 다 들어왔다. 매일 마주 보던 팀원들의 옆 모습을 바라보는 것이 여간 어색한 게 아니었다. 짐을 옮기고 자리에 처음 앉았을 때 쑥스럽기도 하고 불편하기도 했다. 아침에 인사를 건네던 그 여사원들도 여기에 앉아 있는 내가 어색했나 보다.

복도에 가벼운 소란이 일더니 곧 팀원들이 우르르 몰려 들어왔다.

"앗, 안녕하세요~. 이제 자리도 바뀌고, 우리랑 너무 멀어 보입니다."

강욱이가 큰 소리로 장난치듯 말을 걸었다.

"뭐야, 하나도 달라진 것 없으니까 까불지마."

주먹을 쥐어 보이며 맞장구쳤다. 팀원들이 웃었다. 웃자고 한 말이었지만 마음 한 켠에 묘한 감정이 일었다. 그들과 약간씩 멀어질 듯한 안타까운 예감이었다.

'관리자'라는 단어 자체가 사람 사이에 거리를 만든다. 누군가를 관리하는 사람과 관리를 당하는 사람 간에는 보이지 않는 벽이 있기 마련이다. 나는 관리자라기보다 '함께 일을 하는 사람'으로 자리매김하고 싶다. 같은 일을 하는데, 다만 '역할이 다른' 사람으로 함께 하고 싶다.

중간 관리자가 되면서 변화가 몇 가지 있었다. 자리가 바뀌었고, 관리자용 수첩을 받았고, 법인카드를 발급받았다. 관리자 회의에 참석하게 되었고 결재를 하게 되었다. 처음으로 팀원들이 기안한 전자결재 문서를 결재하게 되었을 때 기분이 묘했다. 매일 결재문서를 올리기만 하던 내가 후배들이 작성한 보고서를 검토하고 확인해서 부장님에게 보고하자니, 중간 관리자로서 당연한 역할임에도 불구하고 왠지 쑥스 럽게 여겨졌다. 처음으로 전자결재 서류의 결재 버튼을 누를 때는 손 가락이 떨렸다. 이런 느낌은 한동안 계속되었다.

많은 변화들 가운데 가장 신경 쓰이는 것은 단연 후배들의 시선이 었다. 중간 관리자의 직책을 맡게 되자 어제까지 함께 장난치며 웃고 떠들던 후배들이 나에게 일종의 거리감을 가지게 된 것 같았다. 어느 순간 후배들이 내게 공손하게 대한다는 느낌이 들었다. 일부 팀원들 은 내게 다가오는 일조차 신중해 하는 것 같았다. 당혹스런 변화였다.
나중에 알게 된 사실이었지만, 예전과 달리 그들은 내게 모든 것을 말하지 않았다. 어떤 부분은 감추었다. 그들은 나를 '관리자 그룹'으로 분류해놓고 어느 정도 경계를 두고 있었다. 내가 관리자가 되기 전까 지는 그들과 같은 그룹에 속했기 때문에 관리자들 흉도 같이 볼 수도 있었는데, 이제 나는 보안을 유지해야 할 대상이 되어버린 것이다. 내 게 어떤 말을 하게 되면 관리자들에게 고자질을 해서 자신들을 부정 적으로 평가하지는 않을까 염려를 하게 된다고 했다. 친한 동료에서 그들의 동태를 살피는 첩자로 전락한 셈이다. 그러다 보니 그들은 내게 말을 아끼고 행동을 조심했다. 나는 변한 게 없다고 생각했는데 혼자만의 착각이었나 보다. 씁쓸했다. 여전히 장난을 걸고 농담도 하곤 하지만 거리감은 어쩔 수 없었다.

생각해보면, 평소에 임원들이 사원들을 배려하지 못하는 의사결정을 하는 경우가 종종 있었고, 나도 그런 행동에 대해 투덜대곤 했었다. 도대체 임원이란 사람들은 구성원들이 무슨 생각을 하고 있는지, 어떤 고민을 하고 또 어떤 고충이 있는지 알지 못한다고 불평을 하곤 했었다. 그런데 구성원들과 가장 가까이에서 함께 호흡하고 있는 첫 단계의 리더조차 보이지 않는 벽에 둘러 쌓여 그들로부터 멀어지는데, 그 이상이야 말해 무엇 할까? 직급이 높아질수록 현장에서 멀어져 정보가 차단되기 때문에, 현실과 동떨어진 말과 행동을 하거나 의사결정을 내리는 일도 어쩌면 당연한 결과일지도 모르겠다.

그래서 리더십을 제대로 발휘하려면 늘 현장과 닿아 있어야 한다. 그들이 내게 다가오기를 기대하기보다 내가 먼저 다가가야 할 것이다. 어떤 형식을 빌지 않더라도 일을 하는 과정에서 그들의 이야기에 귀를 기울이는 모습을 자주 보여줄 필요가 있다. 직책 때문에 어쩔 수 없이 생기는 벽은 윗사람이 먼저 걷어내려는 노력이 필요하다. 어떤 때는 마음이 내키지 않을 수도 있다. 그래도 해야 한다. 그것도 리더의 일이므로……

직책을 맡고 나서 한 가지 좋았던 점이 있었다. 실무자로서 일할 때 내게(물론 나한테만 그런 것은 아니지만) 까칠했던 여사원이 있었는데, 직책을 맡고 나서 나를 대하는 태도가 완전 돌변했다. 갑자기 내게 공손하게 대하기 시작했다. 처음엔 당황스러웠지만 여간 기분 좋은 게 아니었다. 여러 가지 부담스런 면이 있음에도 불구하고 이런 좋은 점도 있구나 생각하니 웃음이 나왔다.

치워도 치워도 끊임없이 내리는
폭설 같은 일, 일, 일

겨울 속의 봄인양 따뜻한 하루였다. 그러나 밤에 바람이 창문을 무섭게 흔들었다.

출근하자마자 업무용 수첩을 펼쳤다. 오늘 내에 처리해야 할 일들이 수첩을 비집고 나올 듯 빡빡하게 채워져 있었다. 까만 글자들이 출근길 만원 버스처럼 비좁은 공간에서 엉켜 비명을 지르고 있었다. 고온 다습한 열대 공기에 포박당한 듯 목이 옥죄어 왔다. 숨이 턱 막히고 가슴이 답답했다. 얼마 전까지만 해도 틈날 때마다 창 밖 풍경을 바라보곤 했었는데, 최근에는 창문이 있다는 사실조차 까맣게 잊고 있었다.

지금까지는 내 업무만 챙기면 그만이었는데, 이제 팀 내에서 일어나는 일들을 전부 살펴야 한다. 하루에도 엄청난 양의 새로운 업무가 쏟아져 내린다. 나는 그 일들을 모두 검토하고 점검해야 했다. 일은 정말이지 끊임없이 밀려들었다. 치워도 치워도 끊임없이 내리는 폭설 같다. 어디서 매일 그런 일들이 만들어질 수 있는지 신기하기까지 했다. 하루라도 새로운 일거리가 생기지 않는 날이 없을 지경이었다.

품질교육과 영업·마케팅교육을 추가로 이관 받았다. 가뜩이나 업무량이 많은데 익숙하지 않은 일까지 주어지니 어찌할 바를 모르겠다. 게다가 금년도 팀 운영 계획 수립, 팀원 역량향상 계획 수립 등 당장 눈앞에 닥친 일이 한 두 가지가 아니다. 팀 회의도 소집해두었다. 오늘 처음 출근한 신입사원 OJT 교육 계획도 수립해야 하고 면담도 해야 한다. 부서 워크숍도 준비해야 하고, 품질교육 계획 수립을 위한 회의도 예정되어 있다. 그 외중에 오늘은 CEO가 주관하시는 신년 인사모임에 참석해야 하므로 두세 시간은 또 그냥 사라질 것이다. 내일과 모레는 전사원 대상의 경영이념 교육 과정 개발을 위한 워크숍이 외부업체와 공동으로 계획되어 있어 오늘 중으로 많은 일을 끝내두지 않으면 안 된다. 결론적으로 오늘 하루 동안 엄청난 일을 해치워야 한다. 그러나 무엇부터 먼저 손대야 할지 엄두가 나질 않았다.

맑은 바람을 맞으며 정신을 가다듬을 양으로 건물 밖으로 나왔다. 봄 같은 겨울이라지만 겨울은 겨울이다. 맵고 시린 바람이 볼을 스치고 옷을 파고들었다. 느닷없는 공격에 나는 소스라치게 놀라 움찔했다. 하지만 이내 있는 힘을 다해 바람을 빨아들였다 내뱉었다. 몇 번을 더 마시고 탁한 공기를 토해내었더니 찬 기운이 피를 타고 전신에 퍼진다. 다시 정신이 맑아진 느낌이었다.

초급 관리자가 되고 나니 일거리가 저 멀리서 흙먼지를 날리며 몰려오는 모습이 보일 정도로 일이 많아졌다. 입사한 지 2년이 안 된 신입사원의 업무는 꼼꼼히 봐주어야 했다. 참석해야 할 회의도 많아졌고, 회의에 참석하기 전에 자료를 준비해야 하고 회의를 마치면 챙겨야 할 일이 또 생겼다. 자연히 허둥대는 시간이 늘어날 수밖에 없었다. 겨우 왼쪽 발등의 불을 끄는가 싶어도 오른쪽 발등에 또 다른 불이 붙는 형국이었다.

늘 마음은 초조했고 긴장상태를 벗어나지 못했다. 머리 속에 가느다란 전류가 흐르는 듯 신경이 곤두서 있는 때가 많았다. 퇴근 시각이 늦어졌고, 시간을 어떻게 사용해야 할지 몰랐다.

처음에는 해야 할 일을 놓치지 않기 위해 노트에 업무 목록을 꼼꼼히 기록했다. 일 하나가 끝나면 그 목록의 번호에 동그라미를 치고, 마무리 하지 못한 일은 내일 할 일 목록에 옮겨 적었다. 그런데 시간이 지날수록 오늘 해야 할 일에 어제 미루어진 일이 켜켜이 쌓이기 시작했다. 매일매일 해야 할 일은 자꾸 누적되었다. 그러다 보니 처음에

는 일정상 다소 여유가 있던 일도 밀린 업무와 눈앞에 닥친 일을 처
내는 동안 어느새 긴급한 일이 되어버린 경우가 빈번했다.

그 다음은 퇴근을 늦게 하는 방법을 썼다. 할 일이 많으니 근무시
간을 늘이자는 단순한 발상이었다. 그러나 이 방법도 효율적이지 못
하다는 것을 깨닫는 데는 그리 오래 걸리지 않았다. 해도 해도 일은
끝이 보이지 않았다. 오래 일을 하면 한 두 가지는 더 처리할 수 있었
지만 밤 늦게까지 일을 하는 데도 한계가 있었다.

다시 방법을 바꾸었다. 아침에 조금 일찍 출근해서 우선 노트에 그
날 처리해야 할 일들을 모두 나열해놓고 중요성과 시급성에 따라 분
류해보았다. 그 다음 시급한 일부터 순서대로 다시 적고, 중요한 일도
순서대로 적었다. 이렇게 하고나서 내가 꼭 해야 하는 것과 위임해도
될 것을 나누었다. 위임해도 될 일들은 과감하게 넘겼다. 마지막으로
각각의 업무에 시간을 배정했다. 시간적인 여유는 있지만 중요한 일
(예를 들어, 팀의 연간계획 수립 등)은 해야 할 시간을 정해놓고 일정표에 기
록해두었다. 다른 일 때문에 침범 받지 않을 시간을 확보했다. 그 다
음은 집중해서 머리를 써야 하는 일은 오전에 배치하고, 누군가에게
전화를 해야 하는 일 또는 직접 만나거나, 회의를 통해 해야 할 일들
은 가능한 오후 시간에 배치했다. 기획이나 교육 과정설계 등 집중해
서 할 일은 정신이 맑을 때 처리하도록 안배했다.

효과가 있었다. 특히, 중요한 일을 해야 할 시간을 확보한 것과, 오전 오후에 해야 할 일을 구분한 것은 여러 모로 효율적으로 업무를 처리하는 데 도움이 되었다. 처리해야 할 일의 양이 달라진 것도 아닌데 일을 스스로 통제할 수 있다는 심리적인 안정감을 가질 수 있게 되었다. 당장 닥친 일을 쳐내기 위해 허우적대는 동안에는 스스로 한 곳에 매몰되어서 옆을 돌아볼 틈이 없었는데 내 일뿐만 아니라 팀원들의 일까지도 조금씩 넓게 볼 수 있는 여유가 생겼다.

김정운 교수의 말을 되새겨본다.

"전쟁상황이 어렵다고 장군이 말단 소총수가 되어 총을 들고 뛰어다니는 군대는 전멸할 수밖에 없다. 산 위에서 부하들의 움직임을 지켜보며 군대 전체의 움직임을 지휘해야 하는 장군의 역할과 총을 쏘며 눈앞의 적과 부딪혀야 하는 보병의 역할은 달라야 한다. 상황이 어려울수록 리더는 잘 쉬며 여유 있는 태도를 유지해야 한다. 위기를 기회로 삼기 위해선 먼 비전을 내다볼 수 있는 반성적 공간이 리더에겐 필요하다."

한 시간 이른 출근,
나의 역할을 다짐하다

7시 3분. 오늘은 사무실에 제일 먼저 출근했다. 김 차장님이 출장인 날은 내가 일등이다. 아침에 출근할 때마다 자리에 앉아 책을 보고 계시는 김 차장님을 보면 '참 자기관리가 철저한 분이구나.' 하는 생각이 들고 존경스러웠다. 리더가 되고 난 다음 나는 팀원들보다 먼저 출근해야겠다고 다짐을 했다. 팀원들이 출근하기 전 1시간, 어떤 방해도 받지 않고 고요히 내 안에 머물 수 있는 자유로운 시간을 확보하여 어제의 일을 되짚어보고 오늘을 차분히 계획하기 위해서다.

사실 팀원들의 일을 꼼꼼하게 챙기기 위해서는 그들이 진행하고 있는 일에 대해 조금이라도 깊이 생각할 시간이 필요했다. 그렇게 하지 않으면 팀원들이 만들어 내는 각종 기획서와 보고서 그리고 교육 과정 설계나 개발과정을 제대로 검토하고 방향을 잡는 일은 거의 불가능하다. 물론 그간의 직장생활 경험(소위 말하는 짬밥)으로 대충 봐줄 수는 있지만 완성도를 담보할 수 없다. 게다가 실무자 때 내가 경험하지 못한 일들도 관리해야 하는 입장이기 때문에 업무를 파악하기 위해서는 시간이 더더욱 필요했다. 그래서 한 시간 일찍 출근해서 하루를 설계하고 진행중인 업무를 생각하기로 했다.

컴퓨터를 부팅하는 동안 커피를 한 잔 내려 옆에 두고, 퍼지는 향기를 맡는 것도 하나의 행복이다. 아침에 내가 깨어나듯 컴퓨터에 전원이 연결되면서 생명의 기운이 부품 곳곳으로 퍼질 때 이는 작은 소란이 정겹다. 나는 세상이 막 깨어나기 시작하는 새벽 시간을 좋아한다. 세상이 깨어나는 소리를 들으며 살아 있음을 느낀다. 아침에 아무런 방해도 받지 않고 고요한 사무실에 앉아 나만의 시간을 즐긴다. 텅 빈 공간이 주는 자유와 여유를 만끽해 본다.

아침 일찍 출근하면 많은 것을 얻을 수 있다. 우선 차가 막히지 않으니 시원하게 달릴 수 있다. 도무지 움직일 생각을 하지 않고 길게 늘어서 있는 자동차의 행렬을 먼발치에서 쳐다보며 발을 구르고, 긴장과 스트레스 속에서 하루를 시작하는 것과는 차원이 다르다. 신선한 아침공기를 호흡하며 달리는 기분은 참 좋다.

그리고 문을 열었을 때 아무도 없는 사무실, 그 공간에 아직 남아 있는 어제의 사람 냄새를 맡는 것도 특별한 느낌이다. 어떤 책상 위에는 간 밤에 읽다 만 책이 펼쳐져 있기도 하고 또 다른 책상에는 서류 더미가 수북이 쌓여 있기도 하다. 알록달록한 표식이 달려있는 책들과 자료가 어지럽게 펼쳐져 있는 과정개발실에는 고민의 흔적이 여기저기 묻어 있다. 늦은 밤 아무도 없는 사무실에서 바라보는 풍광과는 사뭇 다른 느낌이다. 늦은 밤 사무실은 하루 동안의 피로가 사방에 덕지덕지 붙어 있어 무거운 느낌이라면, 아침의 사무실은 숙면 뒤 찾아오는 개운함이다.

또, 아침의 청신한 기운을 받아 맑은 정신으로 보내는 시간을 한 시간 더 가질 수 있다. 오후가 되면 아무래도 몸에 찌꺼기가 쌓이는 느낌이어서 머리가 맑지 못하다. 오전에 다른 사람들보다 한 시간을 덤으로 더 가진다는 생각에 흐뭇하기까지 하다.

일과가 시작되기 전에 오늘을 잘 설계해놓으면 하루를 정돈된 느낌으로 보낼 수 있다. 하루 동안 예상되는 일들을 세심하게 점검함으로써, 중요한 일을 놓치지 않도록 한다. 만반의 준비를 하고 링에 오르는 선수와 링에 올라 몸을 풀기 시작하는 선수의 승부는 이미 결정된 것이나 마찬가지 아닐까?

부지런한 사람으로 인정받는 부수적인 효과도 있다. 퇴근을 한 시간 늦게 하는 것과 아침에 한 시간 일찍 출근하는 것은 실제 근무시간은 같다. 그러나 사람들은 아침에 일찍 출근하는 사람에게 '부지런

하다'는 추가 점수를 더 준다.

오늘 아침에는 잠깐 동안 조직을 이끈다는 것에 대해 생각해보았다. 한 조직을 이끈다는 것은 조직구성원의 마음을 움직이는 일이다. 마음을 움직여 조직의 성과를 이끌어내는 것. 따라서 리더십의 요체는 사람에 대한 사랑이어야 한다. 사랑은 사람의 마음을 움직인다. 사랑이 전제되지 않고서는 어떤 것도 이루어낼 수 없다. 이루어낸다 해도 오래가지 못할 것이다. 그렇다면 나의 역할은 무엇인가?

팀원 모두가 자신의 기질과 능력에 걸 맞는 '꿈'을 꿀 수 있도록 돕는다. 이로서 그들의 가슴에 용광로가 끓어오르도록 한다. 각자가 가진 용광로가 하나로 융화되어 거대한 물결을 이루도록 하고 마침내 빛나는 성과로 이어지길, 그리하여 개인과 조직이 모두 승리하는 그 위대한 순간을 위해 나는 작은 벽돌 한 장을 쌓고 싶었다.

전문가와 관리자 사이에서
길을 묻다

퇴근을 하기 위해 운전석에 앉았다. 내 몸을 깊숙이 감싸 안는 카 시트의 느낌이 편안하다. 카 시트는 내 체형에 맞추기라도 한 듯 꼭 들어맞는다. 방음시설이 잘 갖춰진 방송실에 들어온 듯 문득 사위가 고요해진다. 나는 잠깐 숨을 들이쉬었다가 긴 한숨을 내쉬며 침잠한다.

하루가 어떻게 지나갔는지 모르겠다. 아침에 출근을 해서 커피 한 잔을 책상에 두고 잠시 앉았다가 고개를 들면 어느새 시계 바늘이 12시를 향하고 있다. 점심시간이다. 점심을 먹고 회의 한 번 한 것밖에 없는데 벌써 저녁시간이다. 간단히 식사를 마치고 나면 시간은 또 얼마나 빨리 달리는지……. 문득 시간이 허공으로 증발해 버린 느낌이다. 10살 아이가 느끼는 하루의 길이를 기준으로 자신이 느끼는 하루의 길이는 분자를 10으로 하고 자신의 나이를 분모로 하면 된다고 한다. 10살짜리 아이가 느끼는 하루의 길이를 나는 대략 1/3 정도로 느끼고 있으니 하루가 짧게 여겨지는 것도 어쩌면 당연한 것 같다.

'오늘은 무엇을 하며 이렇게 바빴했지?'

아무리 생각해보아도 잡히는 게 없다. 정신 없이 바쁘기는 했는데 뚜렷하게 한 일도 없이 하루를 보낸 것 같다. 어제도 그랬고 지난 주에도 그랬던 것 같다. 하루, 이틀, 일주일 그리고 한 달이 지났건만 내게 남아 있는 게 없다는 느낌이란……. 낭패감이 몰려왔다. 온 몸에 힘이 빠졌다.

이런 식으로 시간을 보낸다면 나는 어떻게 될까? 시간이 흐르는 대로 몸을 맡기고 있다가 어느 날 문득 정신을 차렸을 때 나는 어디에 당도해 있을까? 전문성은 어디에도 찾아볼 수 없고, 지친 영혼을 이끌고 나보다 한참이나 앞서 걸어가는 사람들을 부러운 시선으로 물끄러미 바라보고 있지는 않을까? 당혹스러웠다.

팀장의 역할을 시작하면서부터 실무에서 거의 손을 뗐다. 완전히 손을 놓았다기보다는 자료를 수집하고 기획서를 만들거나 교보재를 만드는 일을 직접 하지 않게 되었다. 그보다는 후배들이 만드는 기획서나 교육용 자료를 검토하고 일의 진행 방향을 설정하고 제시하는 것, 그리고 후배들을 보살피는(?) 일이 주업무가 되었다. 물론, 회의를 통해 부서의 운영에도 일부 참여하게 되었다. 실무에서 한걸음 벗어나 있었지만 관여해야 하는 일의 폭은 훨씬 넓어졌고 반면에 깊이는 얕아졌다. 하나의 잔에 담겨 있던 하루 24시간이라는 물을 여러 개의 잔에 나누어 담게 되니 각각의 잔에는 물이 겨우 바닥만 적실 정도로 아슬아슬하게 걸쳐 있을 뿐이었다. 물리적으로 한 가지 일에 깊이 고민을 할 수 있는 시간이 부족했다. 깊이 있는 고민을 하지 못하니 그간의 경험이나 직관에 의존하여 의사결정을 하는 경우가 많았다.

많은 팀원들이 관리자가 되고 싶어한다. 실무에서 한 발 떨어져 있는 여유로워 보이는 모습을 동경하기도 한다. 시간을 자기 스스로 조절할 수 있는 상황도 부러움의 대상이다. 그런데 문제는 나는 이런 일에 크게 의미를 부여하지 못한다. 나의 꿈은 뛰어난 HRD전문가가 되는 것인데, 관리자가 되어 실무에서 손을 떼고 난 뒤부터는 실제 프로젝트에는 더 이상 참여하지 않게 되어 감感이 줄어들까 걱정이 되었다. 제품설계를 하고 있는 입사 동기도 자신은 나이가 들어서도 실력 있는 엔지니어로 성장하고 싶은데 진급을 하고 리더가 되고 나면 설계에서 점점 멀어지게 되는 현실이 안타깝다고 했다. 그렇다고 누구나 하는 진급을 하지 않을 수도 없다며 하소연했다. 그는 10년쯤 뒤에 설계능력을 잃어버린 채 무늬만 연구원으로 서 있는 자신을 생각하면 끔찍하다고 했다.

이중 경력 제도dual path가 있기는 하지만 실제로 전문 연구원으로 진급을 하는 사람을 보기 어렵다. 대부분 진급을 하면 실무는 손을 놓고 관리의 길로 접어들게 된다. 이 때부터 기존에 가지고 있던 전문적인 능력을 개발하거나 활용할 기회가 점점 줄어들게 되고 몇 년 더 지나면 설계에 대한 감각도 희미해진다. 이쯤 되면 후배들도 리더의 전문성을 의심하게 되고 실력을 무시(?)할 수도 있겠다는 생각이 문득 들었다. 그 때도 후배들이 그를 신뢰하며 따를까? 일을 할 때 제대로 맥을 짚어 주지 못하던 상사를 속으로 무시하곤 했던 기억도 슬그머니 고개를 내밀었다. 어떤 리더는 자신의 전문영역에는 끊임없이 깊은 관심을 가지고 개입하지만 그 외의 분야는 팀원들에게 내맡기다시피 하는 경우도 종종 보았다. 자신이 수행하지 않았던 일은 잘 모르기 때문이기도 하지만 관심분야에 집중하여 자신의 전문성을 유지하고자 하는 욕구 때문이기도 하다. 그는 한 분야에서는 끊임없이 전문가로서 인정받을 수 있는 장점이 있기는 하지만 리더로서 균형을 이루지 못한다는 부담을 안게 된다. 그렇다면 어떻게 균형을 맞추어야 하나? 한숨이 나왔다.

나는 일명 '깔때기 이론'을 믿는다. 일단 목표를 분명하게 정하고 나면 어떤 지식이나 경험도 목표를 향해 수렴된다고 생각한다. 언뜻 내가 목표로 하는 것과 상관이 없어 보이는 경험이나 지식도 반드시 유용하게 활용될 수 있다. 입사 초기에 내가 수행했던 홍보라는 업무와 지금의 HRD는 외견상 상관 없는 일처럼 보인다. 그러나 언론 보도자료를 만들고 사보원고를 쓰던 경험이 지금 교육 과정을 설계하고 자료를 개발할 때 큰 힘이 되고 있다. 해외 고객들에게 회사를 소개하고 생산현장을 안내해주면서 익혔던 프레젠테이션 기법이나 영어말하기도 지금 교육 과정을 진행하거나 강의를 할 때 자신감의 원천이 되어준다. 이처럼 오늘 내가 수행하고 있는 '리더'라는 역할도 내가 꿈꾸는 목표와 밀접하게 맞닿아 있을 것이다. 비록 서툴지만 지금 이 경험도 훗날 든든한 자산이 될 것임을 믿는다.

리더는 분명 실무자와는 다른 역량을 필요로 한다. 이 때문에 실무자로서 뛰어난 성과를 보여주던 사람이 리더가 되면서 제 역할을 제대로 수행하지 못하는 경우를 종종 보았다. 흔히 조직에서는 일 잘 하는 사람을 진급시켜 리더로서 역할을 수행하도록 하는데, 그들 중 일부는 리더의 역할을 훌륭히 수행하는 데 필요한 역량을 충분히 갖추지 못한 경우가 있다. 리더도 하나의 업무이기 때문에 제대로 역할을 하기 위해서는 필요한 역량을 갖추고 있어야 한다.

나에게 주어진 리더라는 새로운 업무를 잘 수행해내기 위해 보다 깊이 고민하고 정성을 다해야겠다고 다짐해 본다. 결국 지금의 리더 경험도 나의 꿈을 채우는 소중한 재료가 될 것이므로…….

리더에게
슈퍼맨이 되라 요구한다

"팀장은 팀의 비전과 목표를 분명히 제시해주어야 하고, 업무를 수행하는 과정에서 장애물을 만나게 되면 시원하게 뚫어 주고, 팀원들이 신나게 일할 수 있도록 동기부여 시키고, 개인적인 애로사항을 청취하여 해결해주어야 하고, 팀원들이 그 분야에서 성장할 수 있도록 관심을 가지고 후원해주어야 하며, 절대 큰 소리로 화를 내어서는 안되고 커뮤니케이션도 잘 해야 하고 …… 모든 분야에서 철저히 완벽해야한다."

팀장 대상의 리더십교육 과정을 개발하기 위한 자료를 수집하려고 평소에 안면이 있는 팀장 몇 명을 만났는데 상사와 팀원들이 자신에게 요구하는 것이 너무 많다고 하소연을 했다. 업무를 완벽하게 수행해내는 것은 기본이고 구성원들이 불만을 갖지 않도록 평소에 관심을 가지고 면담이나 비공식적인 미팅 등을 통해 정감情感 관리도 빈틈없이 해낼 것을 요구 받는다고 했다. 물론 집에서도 100점짜리 가장으로서의 면모를 잃지 말아야 한다. 한 마디로 팀원이나 상사 모두 팀장에게 '슈퍼맨이 되라!'고 요구한다는 것이다.

"팀원들은 팀장에게 한치의 실수도 허용되지 않는 완벽한 면모를 보여줄 것을 기대하는 듯합니다. 어느 하나라도 부족한 면을 보이면 리더에게 치명적인 결함이 됩니다. 팀원들은 하나가 채워지면 곧 이어 또 다른 요구를 합니다. 그들의 요구는 끝도 없이 이어집니다. 도무지 만족을 모르는 것 같습니다. 아무리 물을 쏟아 부어도 결코 채워지지 않는 밑 빠진 독 같아 보입니다."

그는 또 리더 또한 사람이기 때문에 완전할 수 없고 부족한 면이 있기 마련인데, 팀원들은 그 부족한 점을 결코 용납하지 않는 듯하다며 팀원들에 대한 서운함을 내비쳤다.

대부분의 팀원들은 팀장에게 기대하는 것이 정말 많다. 팀장 자신에게는 엄격하고 팀원들의 입장은 잘 이해해주는 외유내강의 리더가 되길 바란다. 또 리더 자신의 고충은 드러내지 않으면서 부하사원들의 사기를 북돋아주기를 기대한다. 리더십에 관한 책에는 열정, 전문성, 비전제시, 동기부여, 공정성, 유연성, 적극성, 부하육성, 팀워크, 구성원의 몰입 등 좋은 단어가 모두 나열되어 있다. 인간으로서 갖추어야 할 완벽한 모습이다. 이쯤 되면 인간이기보다 신神의 경지다.

'슈퍼맨의 비애'라는 노래가 있다. 노래에서 엄마가 아빠에게 요구하는 것은 언제나 열정이 넘치는 슈퍼맨이다. 마찬가지로, 조직에서 구성원들은 리더에게 슈퍼맨을 요구한다. 무쇠로 만든 철인을 기대한다. 물론 의도적으로 잘못을 저지르는 것은 문제가 있지만, 리더 또한 사람인 만큼 실수도 하고 잘못도 할 수도 있다. 그러나 구성원들은 리더가 아직 서툴러서 그럴 수도 있다는 점을 받아들이려 하지 않는다. 리더는 실수를 해서는 안 되는 사람이다. 그러나 '상사 흉보기'만큼 맛있는 술 안주도 없다고 하지 않는가? 흉보기의 대상이 되는 상사는 어쩌면 인간적인 리더 아닐까? 완벽한 사람이 있다면 오히려 정이 떨어지고 다가가기가 꺼려질 것 같기도 하다. 나 또한 그 팀장과 비슷한 처지여서 그랬던지 그의 말에 공감했다.

나도 이제 리더라 불리는 길을 걷기 시작했다. 내가 알든 모르든 상사와 동료, 그리고 후배들이 나의 일거수일투족擧手投足을 평가하고 다른 팀장과 비교할 것이다. 그리고 내게 많은 요구를 할 것이다. 특히 상대적으로 부족하거나 취약한 면에 대해서는 메스를 들이댈지도 모른다. 내게도 슈퍼맨이 되라고 요구할 것이다. 지금은 막 걸음마를 시작한 단계이니 실수를 하거나 서툴러도 좀 봐줄 수도 있겠지. 그러나 얼마 지나지 않아 상황은 달라질 것이다. 그들의 피드백이나 요구에 내 마음이 상할 경우도 있을 것이다. 나는 다른 사람들의 부정적인 피드백에 민감한 편이다. 그들이 자연인으로서의 나를 비난하는 것은 아닌 줄 알면서도 내가 잘 못하고 있는 점을 지적해주면 부끄러워 목소리가 줄어든다. 평소에 그렇게 유쾌하고 자신감 넘치다가도 갑자기 긴장된 표정을 하면 피드백을 주던 사람도 머쓱해지곤 한다. 후배나 상사들의 요구나 비판에 의연하게 대처할 수 있기까지 많은 시간이 걸릴지도 모르겠다.

리더십 전문가로 알려진 존 맥스웰은 《리더십 골드》에서 리더는 비판 받게 마련이라고 했다. 그는 육상경기를 관전하는 사람들은 뒤처진 선수들에게는 눈길조차 주지 않고 선두에 달리는 선수에게만 시선을 집중한다면서, 앞서 가는 사람들은 관심의 대상이 되기 때문에 스포트라이트를 받는 동시에 비판 또한 피할 수 없다고 했다. 그 역시 리더가 되고 싶어했고 칭찬을 즐겼지만 '건설적인 비판'조차 받고 싶지 않았다. 그리고 비판을 받으면 기운이 쑥 빠지기도 했다고 고백했다. 그러면서 그는 남들에게 비판을 받을 때 자신을 돌이켜보고 변화시키려는 노력을 해야 하지만, 지나치게 민감할 필요는 없다고 리더들에게 조언한다. 오히려 때때로 그런 공격을 받는다는 자체가 누구보다 앞서 있다는 증거에 불과하기 때문에 웃어넘길 필요도 있다고 제안한다.

　팀원들과 솔직하게 가슴을 여는 대화를 시도하면 어떨까 생각해보았다. 리더 또한 완벽할 수 없고 약점을 가진 인간임을 솔직하게 드러내 보이고 그들에게 도움을 요청하는 것이다. 나의 실수나 잘못을 솔직히 시인하고 다음에는 보다 나은 모습을 보여줄 것을 약속하는 것이다. 그리고 팀원 역시 나의 발전된 모습을 위해 솔직한 제안을 해주길 요청하고, 제안 중 내가 지킬 수 있는 것은 그 자리에서 분명히 약속을 한다. 받아들이기 어려운 제안에 대해서는 이유를 설명하고 팀원들과 충분한 대화를 통해 대안을 모색할 수도 있다. 사람과의 관계에서 가슴을 열고 진심이 흐르도록 하는 것만큼 더 좋은 해법이 있을까? 진심으로 가슴을 여는 것만으로도 감동을 전할 수 있고 서로에게 스며들 수 있으리라. 리더십이 빛나기 위해서는 팔로워십 역시 필수적이다. 리더십은 상호작용의 과정이기 때문이다. 그러나 팔로워십을 이끌어 내는 것 또한 리더의 몫이다. 자신의 부족한 면을 드러내는 솔직함에는 용기가 필요하다. 바로 그 용기가 나를 나아가게 한다. 가슴을 여는 대화가 빛을 발할 때 소통을 가로막는 장애물이 걷어지고, 어떤 조직이든 맑은 감정이 흐르는 따뜻한 공간이 될 수 있다.

봄, 설렘과 출발

무엇이든 새롭게 시작되는 계절 봄.
뭐든지 잘하고 싶은 리더의 욕심도 본격적으로 시작된다.
리더는 자신의 내면으로 여행을 떠난다.

사람에게 영향을 미친다는 것

산행을 다녀왔다. 두 주 전 테니스를 무리하게 치고 난 다음 날 일어나지 못해 하루 쉰 것을 빼고는 매주 산을 올랐다. 산이라 해야 지도에도 나오지 않는 야트막한 야산이지만 한 시간 여 운동을 하기에는 제격이다. 어제도 테니스 게임을 조금 무리하게 한 탓에 온 몸이 쑤셔 일어나기가 쉽지 않았는데, 가볍게 산보라도 할 요량으로 몸을 일으켰다. 헐렁한 면바지와 가벼운 긴 팔 티셔츠를 입고 조깅화를 꿰었다. 조깅화의 착용감이 좋았다. 일주일 내내 신고 있던 딱딱하고 무거운 구두에 비해 조깅화는 새털처럼 가벼워 날아갈 듯하다. 오르막길을 내달릴 때 신발의 무게감은 전혀 느껴지지 않았고 쿠션이 좋아구름 위를 걷는 듯했다. 꽃샘 추위가 며칠 계속되더니 흙이 바싹 얼어붙었나 보다. 조깅화의 깊은 골이 닿을 때마다 물기 한 점 없는 메마른 흙이 서걱거리며 긁혀 바람에 날린다. 오늘은 땅바닥이 제 몸을 일절 용납하지 않고 견고히 버틴다.

사나흘 동안 맹위를 떨치던 삭풍이 남기고 간 사나운 공기가 몸 속 깊숙이 침투해 들어왔다. 예리한 칼끝 같은 매운 바람이 폐부를 할퀴는 듯 쓰라리다. 장갑은 준비했지만 마스크를 미처 준비하지 못한 탓에 무찔러오는 찬바람을 무방비상태로 맞을 수밖에 없었다.

삭막한 가지 끝에 매달려 있는 신갈나무 잎들이 찬 바람에 바싹 마른 몸을 비벼대고 있었다. 여전히 바람은 매웠다. 그러나 숲을 파고드는 햇빛은 지난 주에 비해 끝이 한결 부드러워진 느낌이다. 봄이 저 너머 어딘가에서 봄 가루를 한 움큼씩 하늘에 뿌려대고 있는 듯하다. 곧 지천에 새싹들이 고개를 밀어 올릴 것이다.

첫 번째 언덕을 오를 때까지는 걸었고, 두 번째 언덕을 오를 때는 가볍게 뛰어 보았다. 발끝이 흙을 차고 오를 때마다 몸이 탄력을 받아 가볍게 솟구쳐 오른다. 아직 몸이 녹슬지 않았음을 느끼고는 기분이 좋아졌다. 조금 더 빠르게 팔을 저어보았다. 다리가 덩달아 신이 나서 통통 튀어 오른다. 다리 근육이 긴장되기 시작한다. 나는 이 긴장감을 즐긴다. 땅을 박차고 몸을 앞으로 밀어낼 때 전해지는 근육의 팽팽한 긴장감이 아직 살아 있음을 느끼게 한다. 느슨하던 다리의 근육다발들은 지방질을 다 짜내고 오로지 억센 힘줄다발만 남아 동아줄을 꼰 듯 탄탄한 허벅지로 바뀐다.

앞으로 나아가기 위해 한쪽 발을 오히려 더 강하게 땅에 박아 넣었다가 몸을 하늘 속으로 치밀어 올린다. 불끈 솟은 다리 근육을 통해 발끝으로 전달된 억센 힘이 땅에 닿을 때의 파열음에서 삶의 역동성을 맛본다. 한 발이 땅 위에 닿자마자 거친 숨소리와 함께 또 다시 단단하게 흙을 밀어 낸다. 전진한다는 것은 중력을 거부함을 의미한다. 앞으로 나아감은 나를 제자리에 묶어 두려는 중력(게으름 혹은 관성)에 저항하는 지속적인 투쟁이다.

피스톤을 밀어 올리는 자동차 실린더의 폭발처럼 심장이 격렬히 피를 뿜어내기 시작한다. 꼭대기를 얼마 남겨놓지 않은 지점에서 다리 근육이 무거워지고 심장도 터질 듯 팽창과 수축을 거듭한다. 심장의 격렬한 움직임에 필요한 산소를 공급하기 위해 호흡이 더욱 거칠어진다. 시리고 매운 바람도 내 몸 안에서 뜨겁게 달구어졌다가 뿜어져 나온다. 정상에 도착했을 때 숨을 들이쉬는 것조차 고통스러웠다. 호흡을 할 때마다 심장에 대못을 박는 듯한 압박감에 전신이 마비되는 느낌이다. 차라리 땅바닥에 드러누워버리고 싶었다. 나무를 베어낸 그루터기를 깔고 앉아 호흡을 조절해보았다. 덥혀진 입김이 힘겹게 뿜어져 나왔다. 잠깐 동안 시간이 흐르자 심장박동이 진정되고 호흡도 점차 안정되어 간다.

하루가 모여 하나의 생生을 이룬다. 삶을 이루는 최소 단위는 '오늘'이라는 하루인 셈이다. 오늘을 잘 보낸 날 밤의 잠은 달고도 깊다. 그러나 하루를 대충 보낸 날은 잠자리조차 공허하다. 그러므로 잘 보낸 하루들로 삶을 채운 사람의 인생은 농밀하고 알차다. 반면, 그렇지 못한 사람의 삶은 성기고 공허하기 마련이다. 영혼에 빈 바람이 허허롭다.

고개를 들어보니 옅은 블루 톤의 맑은 하늘에서 포근하고 촉촉한 햇빛이 내리고 있다. 곧 봄은 사방에 씨를 뿌릴 것이다. 회갈색 땅을 뚫고 연약한 새싹을 돋아낼 것이고, 갈라진 나무껍질 사이에도 단물을 올릴 것이다. 그리하여 연두 빛이 온기를 전하고 흐드러지게 핀 꽃들이 세상을 황홀하게 물들일 것이다.

봄은 겨우내 가슴에 담아 두었던 것들을 꺼내 묵은 먼지를 털고 말리기에 좋은 계절이다. 무엇이든 새롭게 시작하기에 가장 좋은 계절이다.

"사원의 의욕을 불러일으키고 사기를 진작시키는 방안을 강구하는 일은 사장이 해야 하는 일 중에서 가장 중요한 것이다. 사원들이 강한 의욕을 보이면 반드시 회사가 잘 돌아가게 된다. 사원들이 의욕을 상실했다면 그 배경에는 분명히 '불만'이 있다. 나는 그 불만을 하나하나 없애가는 것이 사장의 일이라고 생각한다. 이것이야말로 바로 의욕을 키우는 토양을 만드는 일이다."

– 야마다 아키오,《야마다 사장, 샐러리맨의 천국을 만들다》중에서

야마다 사장은 사원들의 사기가 충만하고 일에 의욕이 넘쳐날 때 회사가 성장할 수 있다는 믿음을 가지고 있다. 그는 구성원들의 사기를 진작하고 몰입할 수 있는 환경을 만들어 주는 것이 사장의 역할 중 가장 중요하다 생각하고 실천해 옮기고 있다. 사원들의 의욕을 불러일으키고 사기를 진작시키는 일이 비단 사장만의 역할이겠는가? 조

직에 있는 모든 리더가 해야 할 가장 중요한 일이다.

'회사가 좋아서 들어왔다가 사람이 싫어 나간다.'는 말이 있다. 좀 더 엄밀하게 말하면 상사가 싫어 떠난다. 그 만큼 상사 또는 리더가 구성원에게 가지는 영향력은 크다. 원하든 원하지 않든 리더는 누군가에게 영향을 줄 수밖에 없는 사람이다. 영향을 미친다는 의미는 책임을 져야 한다는 말과도 맥을 같이 한다. 영향력의 크기가 큰 사람일수록 책임감이 더 커야 함은 당연한 귀결이다. 별 생각 없이 던진 나의 말 한마디, 행동 하나가 구성원들에게는 충격이 될 수도 있다. 기왕이면 좋은 방향으로 충격을 줄 수 있도록 애를 써야 하고 나로 인해 발생한 결과에 대해서는 책임을 질 수 있어야 한다. 또, 리더는 직접 일을 하는 것이 아니라 사람을 통해 성과를 만들어낸다. 그렇다면 당연히 구성원들에게 긍정적인 파장이 필요하다.

비어 있던 머리와 삭풍이 부는 가슴 그리고 풀어져 흐트러진 몸을 다시 충실히 채우기 위해 다시 '오늘' 속으로 발을 내딛는다. 무엇이든 새롭게 시작하기에 가장 좋은 계절, 새 봄과 함께 나의 '리더 수업'도 본격적으로 시작된다.

회사의 목표, 나의 목표
그리고 팀원들의 목표까지……

1월의 달력에는 아직 잉크 냄새가 난다. 포장지를 막 뜯었을 때의 빳빳함과 신선함이 남아있다. 손 때가 덜 묻은, 그래서 새것의 기운을 지닌 달력에는 길들여지지 않은 20대 청년의 풋내음이 가득하다. 올해는 반드시 담배를 끊고 운동을 하리라는 새해 다짐도 차가운 바닷물에서 막 건져낸 듯 싱싱하다. 그래서 1월의 달력을 넘기기 전까지는 아직 새해라는 느낌은 여전히 유효하다. 엄밀히 말하면 설날이 지나야 본격적인 새해가 시작되는 느낌이다. 직장에서도 1월은 한 해의 업무 계획을 수립하는 달이다.

요즘은 많은 기업에서 성과주의 인사제도를 도입하고는 연초에 설정한 목표를 달성한 정도에 따라 개인의 성과를 평가한다. 한 해 동안의 농사를 얼마나 잘 지을 수 있을 것인가를 가늠하는 시금석이 되기도 하기 때문에 개인에게 있어 연초의 목표 설정은 중요한 의미를 지닌다. 이번에는 설 연휴가 1월 말에 걸려 있어 목표설정 기간이 2월 초로 연기되었다.

나는 업무 목표를 설정하는 시즌이 되면 고민에 빠진다. 우선 '올해는 무엇을 해서 먹고 살 것인가?'이다. 우리 팀의 미션이나 역할은 분명히 정해져 있지만 내용은 전년도보다 진화해야 한다. 예전에 하던 것을 그대로 반복해서는 좋은 평가를 받을 수 없다. 그래서 해마다 전년도의 업무 내용을 변형하고 전혀 새로운 무언가를 만들기 위해 산통을 겪는다.

두 번째 고민은 '목표를 얼마나 도전적으로 수립할 것인가?'이다. 현재의 역량으로 일상적인 수준에서 일을 해도 무난히 달성할 수 있을 정도의 목표로 만족할 것인가, 아니면 지금보다 더 많은 에너지와 노력을 투입해야 도달할 수 있는 정말 '도전적인' 수준으로 목표를 설정할 것인가에 대한 갈등이다. 도전적으로 목표를 수립한다면 분명히 힘든 한 해가 될 것이다. 그러나 그럭저럭한 수준의 목표를 세웠다가는 연말에 내세울 만한 성과가 없을지도 모른다는 생각이 들었다. 부장님께서는 당연히 도전적으로 목표를 설정하라고 하시겠지……?

또 하나의 고민은 '목표를 어느 정도까지 구체적으로 기술할 것인가?' 하는 문제다. 영업이나 개발, 생산부문과 달리 지원 조직에서는 성과를 명확하게 수치로 나타내기 어렵다. 측정할 수 있도록 목표와 과제를 수립하라는 지침은 있지만 우리 일의 가치를 수치로 측정해내기란 결코 만만치 않다. 구체적인 수치로 나타낼 수 있는 것들로 목표를 설정해보았더니 대개 '××× 과정 개발 ×× 건', '○○○교육 과정 진행 ○○건', '학습자 만족도 ××" 정도였다. 그러나 이런 것들은 일의 품질을 측정하기가 쉽지 않거나 내가 통제할 수 없는 요인들로 인해 결과가 달라질 수 있었다. 결국 정량적인 목표를 수립했다 하더라도 연말에 평가를 할 때에는 정성적인 면을 감안하지 않을 수 없는 목표가 되고 만다.

그리고 올해부터는 고민이 하나 더 늘었다. 나의 일에 대해 평가를 받는 것뿐 아니라 후배들의 성과도 평가를 해야 하는 입장이 되었기 때문이다. 그들의 목표도 어떤 수준으로 해야 할지 조율해주어야 한다. 연말이면 지금 설정한 개인의 목표를 기준으로 그들의 성과를 평가해야 하는데, 첫 단추를 제대로 끼워두지 않으면 마지막에 곤란을 겪듯 지금 제대로 해두지 않으면 난처한 상황에 직면하리라는 생각이 들었다.

성과평가 기준에 따르면 개인이 설정한 목표를 120% 달성하면 최고 등급의 평가를 부여하게 되어 있다. 그런데 어떤 팀원은 달성하기

쉬운 목표를 설정해서 비교적 수월하게 목표를 초과 달성했고, 또 어떤 팀원은 매우 도전적인 목표를 90% 정도 겨우 달성한다고 하면 누구에게 더 좋은 평가점수를 부여해야 할까? 교과서에는 목표를 설정하는 단계에서 수준을 비슷하게 맞추거나, 평가 시점에 업무의 난이도에 따라 가중치를 부여하면 된다고 나와 있다. 하지만 각기 다른 업무의 난이도를 객관적으로 평가하란 쉽지 않다. 누구나 주관적으로 평가할 수밖에 없고, 자신이 선호하는 일은 더 높이 평가하는 경향이 있기 때문이다. 인간이 만든 제도 중 가장 형편없는 것이 '평가제도'라는 말이 새삼 떠오른다. 사원들은 이런 고민 안 해도 되니 좋겠다.

한참을 고민하다가 나의 목표를 다소 도전적으로 입력하고는 팀원들에게도 약간은 도전적으로 목표를 세우도록 말해두었다. 올해는 팀장 첫 해이니 의욕적으로 목표를 설정해보기로 마음먹었다. 평가는 그 때가서 다시 고민하기로 했다.

회의 시간 하나 정하는 것도
쉬운 일이 아니다

매주 금요일 아침 8시 00분. 부서 주간회의가 있는 날이다. 주간회의에서는 한 주 동안의 업무실적과 다음 주 계획을 구성원끼리 공유한다. 또 함께 알아야 할 사항들을 공지하고 정보를 교환하기도 한다. 매일 아침 업무를 시작하기 전에 5분에서 10분 정도 개인별로 그 날의 일정을 공유하는 시간이 있긴 하지만 교육 과정이 거의 매일 진행되기 때문에 전 구성원이 모이는 날은 거의 없다. 그래서 한 주일에 한 번은 팀원끼리 얼굴이라도 봐야 한다는 취지에서 금요일은 업무시작 30분 전에 모여 한 주간을 돌아보고 다음 주 계획과 개인적인 이야기도 함께 나누기로 했다.

금요일 아침 일찍 주간회의를 하는 것으로 정해지기까지는 몇 번의 시행착오가 있었다. 처음에 회의 시간을 이 시간으로 정했을 때 팀원들의 의견이 분분했다. 아침 일찍 일어나는 것이 쉽지 않다는 이유에서였다. 거의 매일 늦게까지 일을 하고 다음날 또 일찍 일어나야 한다는 데 부담이 컸던 모양이다.

부장님은 부서원들끼리 의견을 모아 시간을 결정하라고 했다. 월요일 오전, 금요일 오후 등 다양한 의견이 제시되었다. 구성원들이 각자 자신의 입장에서 의견을 쏟아내고 있었기 때문에 논의만 무성할 뿐 쉽게 결론이 나지 않았다. 나는 결론을 내리고 싶은 마음이 굴뚝 같았다. 하지만 끝까지 침묵을 지켰다. 결국 하나 둘 자신의 주장을 양보하고 자포자기 하는 심정으로 목요일 오후 3시로 우선 합의했다.

그러나 결정이 있은 다음 주 목요일 오후 3시. 전체 인원의 절반도 회의에 참석하지 못했다. 교육 과정 진행이 여러 건 있었기 때문이었다. 다시 의견을 모으기 시작했다. 결국 요일과 시각을 이리저리 재보았으나 금요일 이른 아침 시간보다 더 좋은 대안이 없다는 데 의견 일치를 보았다. 또 모두가 제 시각에 참석하도록 하기 위해 1분 늦을 때마다 1,000원의 벌금을 매기자는 의견도 나왔다. 벌금으로 모아진 돈은 전액 결연아동을 돕는 기금에 적립하기로 했다.

금요일 아침 주간회의를 시작한 지 3주가 지난 지금, 휴가나 특별한 일이 없는 한 거의 모든 인원이 참석하고 있고 회의는 활기를 띤다. 아침에 일어나기 힘들다고 했던 사원들도 모두 참석했다. 팀원들 모두가 지금의 상황에서 이 시간이 '최상의 대안'이라고 믿고 있고, 또 구성원 전원이 참여하여 스스로 결정했기 때문일 것이다.

한 번은 부장님이 3분 정도 지각을 한 적이 있었다. 사원들이 얼굴에 묘한 미소를 띠면서 회의실 문을 열고 들어오는 부장님을 일제히 바라보았다. 부장님은 "알았다, 알았어." 하시며 지갑을 열었다. 회의실에 웃음이 터졌다.

많은 리더들이 시간이 없다고 한다. 구성원의 다양한 생각을 듣고 난 다음 다양한 관점에서 검토할 여유가 없다고 한다. 그렇기 때문에 무슨 일이든 자신이 빨리 의사결정을 내리는 편이 더 낫다고 믿는 것 같다. 물론 리더가 혼자 의사결정을 내리면 빠르다. 문제는 그 빠름이 좋은 결과까지 보장해주지는 않는다는 점이다. 특히 구성원과 관련된 사안이라면 무조건 빠른 것 만이 능사는 아닐 수 있다. 팀원들이 처한 개별적인 상황을 고려하지 않은 의사결정은 실행단계에서 삐걱거릴 가능성이 높다. 또 실행이 되더라도 받아들이는 입장에서 기꺼운 마음으로 수용하지 않는다면 기대했던 결과를 얻기 어려울 수 있다.

밥솥에 물을 붓고 쌀만 넣는다고 밥이 되는 것은 아니다. 열이 가해지고 뜸이 들 때까지 어느 정도의 시간이 필요한 법이다. 구성원들은 자신이 의사결정 과정에 참여해 결정된 일은 '나의 일'로 받아들인다.

'절차공정성'이란 말이 있다. 나와 관련된 의사결정이 이루어지는 과정
이 공정하다고 지각할 때 의사결정의 수용성이 높아진다고 한다. 자
신의 의견이 의사결정에 정확히 반영되지 않더라도 의사결정 과정에
참여했다는 자체만으로도 수용성이 훨씬 높아진다.

후배
육성이란?

"가라, 가!"

"네?"

부장님 특유의 호방한 목소리가 복도에 울린다. 화장실에서 손을 닦으며 나오던 박은정 대리가 눈을 동그랗게 뜨고 양 입술을 살짝 올리며 '무슨 일 있나요?'라고 묻는 듯 고개를 갸우뚱하며 지나간다. 부장님의 단호한 어조에 나는 당황하여 말을 잇지 못하고 서 있었다. 너무도 뜻밖의 호탕한 답변. 그리고 이어지는 부장님의 말씀.

"야, 나도 그랬는데 뭐. 일주일에 두 번 정도 수업이 있지? 소문내지 말고 한 두 명에게만 알려서 네 일을 커버할 수 있도록 해. 그리고 업무와 수업은 네가 잘 조정하고."

　조금 빠른 목소리지만 내가 어떻게 처신해야 하는지 핵심을 말해주고 있었다. 마치 부장님은 내가 그런 질문을 할 것이라 예견하고 답변을 미리 준비해 둔 사람처럼 쏟아내고 있었다.

"네, 알겠습니다. 송 대리에게만 이야기 하겠습니다."

　시선을 어디에 두어야 할지 몰라 어정쩡한 자세로 대답을 하고 말았다. 부장님은 엘리베이터에 올랐다. 엘리베이터 문이 닫힐 때까지 부장님 얼굴을 제대로 쳐다보지 못했다. '휴~.' 눌려 있던 마음에 창문이 열리면서 햇살이 한꺼번에 들어왔다. 그동안 쌓인 긴장과 초조가 일순간에 봄눈 녹듯 사라졌다. 눈 앞이 환하게 밝아졌다. 피가 머리로 용솟음친다.

'앗싸!'

　지난해 이 곳으로 이직하기 전에 대학원에 등록을 해 둔 상태였다. 그러나 갓 들어온 신참이 대학원을 다니겠다는 말을 할 엄두가 나지 않아 입학도 하기 전에 휴학을 하고 말았다. 새로운 조직, 새로운 사람들과 새로운 일에 적응하는 것이 먼저고 나에 대한 믿음을 주어야 한다는 판단에서였다. 사실, 지난해에 대학원에 등록을 했다 해도 수업에 꼬박꼬박 출석하기란 쉽지 않았을 것이다. 일도 많았을 뿐만 아니라 모든 게 낯선 조직에서 새롭게 일을 시작하는 과정이었기 때문에 똑같은 일을 하더라도 다른 사람들보다 많은 시간이 걸렸다. 이런 와중에 공부까지 했다가는 맘 고생이 이중, 삼중으로 심했을 지도 모른다. 부장님이 너무도 고마웠다. 나의 성장을 위해 이렇게 전폭적인 지지를 보내주는 상사를 위해 무엇이든 못할까, 가슴이 뜨거워졌다.

리더의 중요한 역할 중 하나가 후배 육성이다. 성장 가능성과 비전을 제시하고 지원함으로써 구성원들의 감정적 헌신과 열정을 이끌어낼 수 있다. 지식사회에서 구성원을 동기부여하는 방법은 산업시대와는 분명 달라야 한다. 19세기의 동기부여 방법으로 21세기 구성원에게 영향을 미칠 수 없다.

평생 직장의 개념이 희미해지고 평생 직업에 더 큰 의미를 두고 있는 요즘의 구성원들은 '성장'의 욕구가 강하다. 이 조직에서 내가 얼마나 성장하고 있는지, 한 해를 보내고 나면 자신의 몸값을 얼마나 올릴 수 있는지가 조직을 선택하는 기준이 되고 있다. 이곳에서 더 이상 성장할 수 있다는 확신이 들지 않으면 다른 조직을 찾아 떠난다. 많은 리더들이 일을 통한 육성이 최고라는 말을 한다. 맞는 말이기는 하다. 그러나 나는 경험과 이론적 지식이 균형을 이루도록 해야 진정한 의미의 육성이며 개인이 더 크게 발전할 수 있다고 믿는다. 경험만 있고 이론적 바탕이 없으면 사상누각이 되기 쉽고, 경험은 없고 이론만 머리 속에 있다면 그 이론은 공허할 것이다. 그렇기 때문에 후배육성은 이론과 경험의 두 가지 측면을 모두 고려해야 한다.

하지만 현실적으로 후배 사원이 자기개발을 위해 시간을 내겠다고

할 때, 선뜻 허락할 수 있는 상사가 과연 몇이나 될까? 말로는 구성
원들의 육성을 위해 무엇이든 지원해주겠다고 기회가 있을 때마다 선
언하면서 업무와 관련된 내용이라도 근무시간에 책을 펴 놓고 있으면
눈치를 주고, 일이 바쁜데 무슨 교육이냐며 교육수강을 지원해주지
않는 리더가 진정 후배를 육성한다고 할 수 있을까? 꽃을 사랑한다고
말하면서 일주일 동안 화분에 물 한 번 주지 않는다면 그는 진정 꽃
을 사랑하는 사람이 아닐 것이다. 마찬가지다. 후배 육성은 말로만 하
는 것이 아니라 행동이 뒤따라야 한다. 물론, 후배 사원이 먼저 학습
에 대한 의지와 열정을 보여 주어야 한다. 끊임없이 스스로를 개발하
려는 사람이라야 도움을 주는 상사의 보람도 클 것이기 때문이다.

나도 누군가를 돕는 사람이고 싶다. 내가 누군가에게 도움이 되고
힘이 된다는 사실 만으로도 가슴이 벅찬 그런 사람이 되고 싶다. 후배
들이 스스로 성장해 가는 데 도움이 되는 사람으로 기억되고 싶다. 부
장님이나 다른 선배들도 후배들에게 어떤 대가를 기대하며 도움을 주
는 것은 아닐 것이다. 후배들이 커 가는 모습, 그 자체가 보람이고 기
쁨이었을 것이다. 선배들이란 대체로 이런 존재들인가 보다. 나도 내
가 선배들로부터 받은 것 이상으로 후배들에게 나눌 수 있기를 다짐
해 본다.

팀원의
감정적 동의가 먼저다

스터디 모임 첫날이다. 형진과 함께 연간 학습계획을 세우고 자료를 찾는 등 준비과정을 거쳐 드디어 오늘 첫 모임을 가지게 되었다. 팀원 모두가 인력개발 분야의 전문가로 성장한다는 목표를 가지고 한 주에 두 시간씩 함께 공부를 하기로 했다. 우리 팀은 팀원 대부분이 입사 2년 미만의 신입사원이기 때문에 이 시간을 통해 업무와 관련된 지식과 노하우를 전달하고 공유할 수 있다. 그리고 무엇보다 일주일에 최소한 두 시간은 전 팀원이 얼굴을 맞대고 이야기를 나눌 수 있는 기회를 마련한 데 또 다른 의미가 있다.

"또 다른 일거리가 생기는 거 아닙니까? 지금도 일이 너무 많아 매일 늦게 퇴근 하는데……."

지난 주에 연간 업무계획을 논의하는 자리에서 처음으로 스터디 계획을 발표했을 때 몇몇 팀원들이 메모하던 손을 멈추고 내 얼굴을 빤히 쳐다 보았다. 특히 병국과 미정의 얼굴이 굳어졌고 눈동자가 커졌다. '바빠 죽겠는데 무슨 스터디냐?', '사전에 동의도 구하지 않고 무슨 소리냐?'라며 항의하고 있었다. 당장 불만이 터져 나왔다. 일순간 부끄럽고 당황스러웠다. 변화관리의 중요성에 대해 그렇게 공부를 하고 강의 중에도 강조하는 내용이건만 정작 내가 하는 일에는 적용하지 못하다니……. 사전에 함께 논의하고 동의를 구하지 못한 것을 사과하고 학습의 취지를 설명한 다음에야 스터디 일정을 논의할 수 있었다. 더 이상의 반대는 없었지만 회의 분위기는 건조했다.

두 면이 통유리로 된 미니 강의장은 전망이 좋다. 아직은 건물 뒤편 언덕에 말라버린 나무밖에 없지만 봄·여름엔 푸른 빛이 싱싱하고, 가을엔 붉은 단풍도 볼 수 있어 좋다. 테이블 위에 따뜻한 녹차가 놓이고 팀원들이 둘러 앉았다. 미정이가 준비했다고 한다. 그걸 모르고 팀 총무인 병국이를 칭찬했다가 핀잔을 들었다.

오늘 발제자는 형진. 준비해 온 자료를 읽으면서 설명을 했고, 팀원들은 의문점이나 우리에게 주는 시사점 등에 관해 이야기했다. 처음이라 다소 긴장되어 보였지만 묘한 흥분이 감돌았다. 대부분이 비슷한 또래여서인지 대화가 금방 유쾌하게 이어진다. 학습도 학습이지만 자신의 경험과 사례를 이야기하는 동안 더 가까워지는 우리를 느낀다.

내가 당연하게 생각하는 것, 좋아하는 일은 다른 사람들도 그러할 것이라 판단하는 우를 범하곤 한다. 특히 리더라면 자신의 의견에 반대하는 구성원이 드물기 때문에 이런 착각에 빠지기 쉽다. 나와 다른 생각을 가질 수 있다는, 아니 다른 생각을 가지는 것이 당연하다는 점을 인식하지 못한 탓이다. 머리로는 이해하지만 가슴으로 느끼지 못한 때문이다. 세상에서 가장 먼 거리가 머리에서 가슴까지라고 하듯……

구성원들의 다양한 생각과 가치를 존중해주는 것이 리더십의 기본이다. 따라서 어떤 변화를 추진하고자 할 때 구성원들의 사전 합의를 구하는 절차를 거치는 것이 그들의 참여를 이끌어내는 출발점이 된다. 사전에 충분한 대화가 필요한 이유다.

처음 조직 책임자로 선임된 사람들은 매우 의욕적으로 무엇인가를 추진하려 한다. 그 중 하나가 구성원 육성이다. 대부분의 리더십 관련 교육이나 도서에서 후배육성을 강조하기 때문에 리더들은 자연스럽게 후배들의 역량 향상에 관심을 가지게 된다. 그래서 팀 세미나, 소그룹 활동 등을 야심차게 계획하는 경우가 많다. 그런데 많은 경우 사전합의 없이 실시되어 구성원들의 진심 어린 참여를 이끌어 내지 못한다.

조금만 틈을 보이면 심리적 저항이 고개를 들어 비집고 나오려 한다. 어떤 계기로 이런 모임이 한 번 연기되거나 건너뛰게 되면, 두 번째 넘어가는 것은 쉽다. 그 다음부터는 작은 일만 있어도 이런저런 핑계를 대며 빠지려 한다. 결국 처음의 의욕적인 결심은 조금씩 틈을 보이다가 봇물 터지듯 무너지고 만다. 흐지부지 되는 데 긴 시간이 필요하지 않다. 평양감사도 제 싫으면 그만이다. 하기 싫은 일을 억지로 시킬 때 삐걱거릴 수밖에 없다.

내가
롤모델이라구?

"과장님은 저의 롤모델이예요."

"뭐라고? 농담이지?"

"진짜예요. 사람 말을 왜 못 믿어요?"

"그, 그게 아니라…… 앞으로 나쁜 짓 못하겠네……. 하하!"

오늘 스터디 모임 휴식 시간에 이미정이 불쑥 한마디 던졌다. 순간 당황스러워 대꾸를 하지 못하고 얼버무리고 말았다. 내가 롤모델이란다. 나의 어떤 면을 본받을 만하다고 생각했는지…….

롤모델이란 스스로 닮고 싶은 사람을 뜻한다. 어떤 사람을 롤모델로 삼는다는 의미는 태도나 행동 혹은 능력 등 어떤 것이든 그 사람처럼 하고 싶다는 뜻이다. 롤모델은 다른 사람의 삶에 영향을 미친다. 우리는 알게 모르게 다른 사람에게 영향을 주고 받으며 살아가지만 닮음의 대상이 된다는 것은 좀 더 각별한 의미를 갖는다.

그런 말을 해준 미정이 고마웠고, 묘한 자부심이 일기도 했지만 앞으로 행동에 더 신경을 써야겠다고 다짐했다. 팀원들은 리더의 일거수일투족一擧手一投足을 주시한다. 백범 김구 선생께서 평소 좌우명으로 삼으셨다는 서산대사의 글귀가 생각난다.

답설야중거踏雪野中去

부수호란행不須胡亂行

금일아행적今日我行蹟

수작후인정遂作後人程

눈 덮인 광야를 가는 이여 / 아무쪼록 어지럽게 걷지 마라

오늘 그대가 남긴 발자국이 / 뒤따라오는 사람들의 이정표가 되리니

첫 면담, 듣기 먼저.
그 다음에 말해도 늦지 않다

'도대체 내가 무얼 한 거지?'

면담을 하겠다고 한상일을 불러 놓고 내가 하고 싶은 이야기만 잔뜩 늘어놓다니……. 마음이 무거웠다. 스스로 첫 면담을 잘 해냈다고 착각했던 내가 부끄러웠다.

아침에 문득 팀원 개별면담을 해야겠다는 생각이 들었다. 팀원 각각의 업무도 정확히 파악해야 했고 그들의 개인적인 꿈도 궁금했다. 리더인 나에게 어떤 기대를 가지고 있고, 내게 바라는 점은 무엇인지, 또 조직 내에서 그들이 꿈을 이룰 수 있도록 내가 어떤 역할을 해 줄 수 있는지 알고 싶었다.

지금까지 피면담자로서 면담에 참여한 적은 많았지만 내가 직접 면담을 이끌어 본 적은 거의 없었기 때문에 어떻게 해야 할지 막연했다. 어떻게 말을 시작하고, 무슨 질문을 해야 할지……. 내가 지금까지 모셨던 상사들은 모두들 자연스럽고 편안하게 면담을 이끌었던 것으로 기억된다. 그들이 어떻게 해왔는지 더듬어 보았다. 어떤 분은 작은 회의실에서 차 한 잔을 놓고 나의 일상과 회사 생활에 관한 이야기를 먼저 꺼내면서 마치 친한 학교 후배를 만나 술 한 잔 하듯 대화를 했다. 또 다른 분은 자리에 앉자마자 경상도 사나이 특유의 거침없고 단도직입적인 말투로 밀어닥쳤다.

"요즘 일 하는 거 어떠냐? 어려운 점은 없나?"

처음엔 당황스러웠지만, 이내 그런 말투가 편안하게 느껴졌다. 어떤 분은 조곤조곤 말씀하시며 상대방에 대한 깊은 배려와 존중을 보여줬다. 각기 스타일은 달라도 마음 편하게 내가 하고 싶은 말을 모두 쏟아내게 했다는 공통점이 있었다.

"잠깐 이야기 좀 할 수 있을까?"

열심히 키보드를 두들기고 있는 상일이 곁으로 다가가 말을 걸었다.

"네~."

그는 특유의 큰 웃음을 하고 자리에서 일어섰다. 우리는 커피를 한 잔씩 만들어 들고는 작은 강의실 책상에 마주 앉았다. 다른 팀은 면담이나 회의를 할 공간이 부족해 애를 먹고 있다는데 우리는 강의실을 유용하게 활용할 수 있어 좋다.

"요즘 어때?"

내가 먼저 입을 열었다.

"좋습니다. 별 어려움도 없고요."

여전히 상일은 너스레를 떨며 밝게 웃고 있다. 녀석은 그게 매력이다. 어떤 상황에서도 큰 웃음을 잃지 않는다. 가만히 있어도 웃는 모습이다. 나는 먼저 면담을 하려는 이유를 설명했다. 그리고는 상일에게 지금 무슨 일을 하고 있고, 일하는 데 불편함은 없는지 물었다. 그는 자신이 운영하고 있는지, 교육 과정에 대해 개략적으로 설명해주었고 딱히 불편한 점은 없다고 했다. 그렇지만 똑같은 업무를 2년이나 해왔기 때문에 올해는 다른 교육 과정도 운영해보았으면 좋겠다고 말했다.

사실 상일이 운영하고 있는 교육 과정은 팀원들이 맡기를 꺼려하는 업무 중 하나였다. 상일은 직무를 바꾸어 달라는 말을 그렇게 우회적으로 표현하고 있었다. 나는 상일의 심정을 충분히 공감하고 있고 부장님과도 그 점에 대해 논의하고 있는 중이라고 해주었다. 내 경험을 들려주었다. 나도 입사 초기에 맡은 일이 마음에 들지 않아 늘 불만이었는데, 스스로 업무의 영역을 넓히고 일에 가치를 더해서 결국에는 그 업무를 아무나 할 수 있는 일이 아니라 능력 있는 사람만이 할 수 있는 일로 인식되도록 만들었다는 요지의 이야기였다. 나는 자신의 업무에서 가치를 느끼지 못하는 후배들에게 자주 내 경험을 들려주곤 한다. 지금의 업무가 다른 사람들이 맡기를 꺼려하는 일이라면 오히려 내게는 기회가 될 수 있다는 말도 덧붙인다. 왜냐하면 조금만 노력해도 개선할 수 있는 여지가 많고, 성과도 쉽게 눈에 띄기 때문이다. 나 스스로 그 경험에 대해 일종의 자부심을 가지고 있는지도 모르겠다.

그런데, 여기서 멈추었어야 했다. 그의 일에 가치를 덧붙이기 위해 내가 얼마나 많은 고민을 했으며 또 어떤 구체적인 계획도 가지고 있는지 보여주고 싶었던 나는 내친김에 우리 팀의 운영 방향과 전략 구상 등 나름대로의 포부(?)까지 거창하게 늘어놓았다. 상일은 시종일관 환하게 웃으면서 '좋습니다.', '그렇게 되면 좋겠는데요.'를 연발했다. 흐뭇했다. 내가 가진 생각과 방향에 대해 모두 동의해주고 좋은 생각이라고 추켜세워주니 나도 모르게 기분이 좋아졌다.

면담을 마치고 강의장을 나서면서 무척 뿌듯했다. 상일이도 좋아하는 것 같았고 나도 내가 가진 생각을 충분히 전달했다는 느낌이 들었다. 나의 논리와 의견이 상일에게 먹혀 들었고, 그를 변화시킬 수도 있겠다고 생각하니 흥분되기도 했다. 스스로 대견스러웠다.

그런데, 그런 느낌도 잠시뿐. 흥분이 가라앉자 갑자기 얼굴이 화끈 달아 올랐다. 면담을 하자고 해놓고선 내 말만 일방적으로 쏟아낸 것 아닌가? 상일이 내 의견에 충분히 동의한다고 믿으면서 나 혼자 신났던 것이다. 그렇게 신나게 내가 하고 싶었던 말만 풀어내고는 모두가 만족스러운 면담이었다고 착각했던 것이다. 오히려 상일이 나를 면담한 꼴이 되어버렸다.

리더는 종종 자아도취에 빠지기 쉽다. 모든 구성원들이 자신의 말에 감동하고 지지하는 듯한 착각 속에 산다. 대부분의 부하사원들이 상사의 말에 동의하는 듯한 반응을 보이기 때문이다. 그러나 부하들은 겉으로 상사의 의견에 동의하더라도 돌아서서 불만을 터뜨리는 경우가 많다.

구성원들은 경험적으로 상사 앞에서 부정적인 말을 해봐야 이로울게 없다는 것을 알고 있다. 그러니 상사 앞에서는 늘 듣기 좋은 이야기만 한다. 내가 예전에 모시던 임원 한 분도 부장 시절에 상사의 비위를 맞추려고 듣기 좋은 말만 하는 동료 부장들이 그렇게 눈엣 가시처럼 미워 보일 수가 없었다고 한다. 그런데, 막상 자신이 임원이 되고부터는 귀에 거슬리는 말을 하는 부하들이 좋게 보이지 않더라는 것이다. 인덕이 높아 구성원들로부터 많은 존경을 받고 있던 분조차 그러한데, 다른 사람들은 오죽하겠는가? 결국 상사는 부정적인 정보에서 차단되고 소외된다. 점점 고립되고 혼자만의 세계에서 착각과 함께 살아간다.

동의하는 척 하는 것과 진심으로 동의하는 것은 분명 다르다. 진심 어린 공감과 동의를 이끌어내기 위해서는 부하들의 말을 잘 들어야 한다. 내가 말하기에 앞서 들어주려는 노력을 기울여야 한다. 의도적으로 애쓰지 않으면 안 된다. '오늘은 기필코 들어주겠다.', '오늘은 질문과 공감표시만 하겠다.'는 각오를 단단히 하고 면담에 들어갈 필요도 있겠다.

상일과의 첫 면담은 경청의 소중함을 깨닫는 시간이었다.

높이 올라갈수록
춥고 외롭다

점심시간 무렵 복도에서 H 상무님을 우연히 만났다. 왜 복도에 계시냐고 여쭈었더니, 점심을 먹으러 갈 사람이 없을까 봐 식사시간 5분 전에는 복도에서 어슬렁거린다고 하셨다. 그 분은 '왕따를 시키는 사람도 문제가 있지만, 왕따를 당하는 사람도 문제가 있다.'고 하시며 왕따를 당하지 않기 위해 적극적으로 노력을 하신단다.

농담처럼 웃으면서 말씀하셨지만 우스개 속에 뼈가 있었다. 흔히 직위가 올라갈수록 춥고 외롭다고 한다. 아래와 멀어지기 때문이다. 이 추위를 어떻게 견딜 것인가는 전적으로 리더 자신에게 달려있으리라.

회의, 회의, 회의
아, 회의

42.195km를 완주하고 막 결승점을 통과한 마라톤 선수처럼 자리에 털썩 주저앉았다. 목표 지점에 당도하였으므로 더 이상 나아가야 할 필요를 느끼지 못했다. 한 줌의 기력도 더 남아 있지 않았다. 머리는 이미 텅 비어 있고 세상이 멈춘 듯 고요하다. 마지막 연극이 끝나고 텅 빈 객석을 바라보는 여배우처럼 한 올의 긴장감도 남아 있지 않았고 시선은 허공 어디쯤에 초점 없이 멈춰 섰다. 이제 드디어 끝났다. 이번 주도 무사히 넘겼다는 안도감과 허탈감에 한숨을 길게 내쉰다. 극도로 팽팽하게 당겨졌던 긴장감이 한 순간 끊어지면서 갈 길을 찾지 못한 듯하다.

관리자가 되고 나니 참석해야 할 회의가 많아졌다. 자연히 준비해야 할 자료도 많아졌고 회의가 끝날 때마다 해야 할 일이 추가되었다. 매주 상무님이 주재하는 회의가 있고, 부서 회의가 일주일에 한 번, 팀 회의, 그리고 수시로 소집되는 회의 등등. 한 번 회의에 참석하면 위로부터 내려오는 지시사항이 한두 가지씩은 꼭 있게 마련인데 일주일 동안 쌓이면 양이 만만치 않다. 회의는 마치 '일'을 만들어 내는 기계 같다. 지난주에 지시 받은 것도 아직 진행 중에 있는데 여기에 덧붙여 이번 주에 받은 지시가 또 누적되는 셈이니…….

특히 일주일에 한 번 상무님이 주재하고 산하 전 부서장과 팀장이 참석하는 주간 관리자 회의는 긴장의 연속이다. 한 주 동안의 실적과 다음 주의 계획을 각 부서마다 발표하고, 얽혀 있는 업무를 조정하고, 이슈가 있을 때 대안을 함께 모색하기 위한 회의다. 그런데 말 한마디 잘못했다가는 언제 어디서 천둥 번개가 몰아칠지 모른다. 부장님이 계시는 경우에는 그나마 낫다. 부장님께서 대부분 게임(?)을 주도하시고 공격과 수비를 적절히 조율해주시기 때문이다. 우리 부서에서는 내가 관리자들 중 막내이므로 주로 내가 발표를 하는 경우가 많다. 다른 관리자나 부장님이 교육진행이나 다른 회의 참석 때문에 빠지는 경우가 종종 있는데, 특히 부장님이 없는 자리에서는 누구 하나 바람막이가 되어줄 사람이 없기 때문에 빗발치는 화살을 온 몸으로 맞아야 한다.

회의에서 우리 부서의 주간 업무실적과 계획을 보고하기 위해서는 내가 맡고 있는 업무의 범위를 넘어 다른 팀의 업무도 속속들이 알아야 하기 때문에 회의 시간 전에는 늘 공부를 해야 한다. 시험 전날 벼락치기 공부를 하듯 회의 직전까지 담당자들을 불러서 업무의 내용과 진행상황, 향후 계획, 진행상의 문제점과 대응방안 등을 꼼꼼히 확인한다. 그렇게 철저히 준비를 한다고 해도 질문에 제대로 답변을 하지 못할 때가 있다. 인사팀에서 다음 달에 신입사원을 500명 채용할 계획을 가지고 있다면, 우리는 그 계획에 맞추어 교육일정을 수립하고, 숙소와 교육장을 확보하고, 강사를 섭외하고, 노동부에 관련 내용을 신고해야 하는 등 하나의 업무가 다른 팀의 업무와 연관이 되기 때문에 상세한 내용까지 알고 있지 못하면 논의를 이어나가기 어렵다. 따라서 신입사원교육이 내 업무는 아니지만 교육장 사용현황에서부터 다른 교육 과정 운영 현황까지 꼼꼼하게 파악하지 않으면 안 된다. 하나라도 제대로 답변하지 못하면, '관리자가 그것도 모르냐?', '도대체 너는 뭐 하는 놈이냐?', '네가 그렇게 하니까 후배들도 그런 것 아니냐?'는 질책이 날아온다.

　나는 한 팀을 책임지고 있는 리더로서 우리 부서에서 이루어지는 일에 대해 충분히 파악하고 있어야 하는 것이 당연하다. 하지만 그게 말처럼 쉽지 않다. 내 팀에서 일어나고 있는 이슈를 해결하는 데도 하루가 모자랄 판인데 다른 곳에까지 할애할 여력이 정말로 부족했다. 그래서 처음에는 자료를 모아서 하나하나 밑줄을 그으며 외우고, 그래도 혹시 답변하지 못할 경우를 대비해서 자료를 있는 대로 가지고 회의에 참석하기도 했다. 대부분 업무용 수첩 한 권을 가지고 회의실에 입실 하는데 나만 매번 옆구리에 2~300백 장 되는 자료를 들고 들어오니 다른 참석자들이 이상한 눈으로 쳐다보기도 했다. 그래서 나는 금요일만 되면 출장을 가거나, 과정 개발 미팅을 잡는 등 일부러 회의에 들어가지 않아도 될 핑계를 찾으려 애를 썼다. 다른 팀장들도 사정은 마찬가지인 듯했다. 늘 팽팽한 긴장감이 가득한 그 회의에는 가능한 참석하지 않으려 했다.

회의 시작 5분 전쯤 회의실로 들어서면 느닷없이 자리 쟁탈전이 벌어진다. 좋은 자리에 앉기 위한 경쟁인데 가능한 상무님 자리에서 먼 곳이 명당이다. 상무님 옆이나 맞은편에 앉아 있으면 회의 시간 내내 좌불안석이다. 눈이라도 마주치면 어떤 질문이 날아올지 모르기 때문이다. 내가 알고 있는 내용이면 그나마 다행이지만 대개 대답하기 곤란한 질문을 많이 하시기 때문에 가능한 눈이 마주치지 않는 곳을 선호하게 되는 것이다. 그래서 스크린이 가까운 곳에서부터 먼저 자리가 채워지기 시작한다.

일단 회의가 시작되고 나면 정적이 흐른다. 발표자와 최고 의사결정권자인 상무님, 그리고 몇몇 부장님을 제외하고는 입을 여는 사람이 거의 없다. 입을 여는 경우는 가끔 질문을 받을 때뿐이다. 순서 상

내 앞사람의 발표가 시작되면 심장이 뛰기 시작한다. 시간이 지날수록 박동은 더 빨라지고 손바닥에 땀이 번진다. 역시 고참은 다르다. 발표와 질의응답에 한결 여유가 있어 보인다. 발표자가 잘 모르는 내용이면 함께 참석한 같은 부서의 동료가 답변을 한다. 부러웠다. 드디어 내 차례다. 발표를 하는 동안 내가 미처 준비하지 못해 답변이 곤란한 질문이 나오지 않기를 간절히 빌어본다. 겨우 마음을 진정시키고는 손바닥에 땀을 닦고 보고를 시작한다.

내가 주재하는 팀 회의는 어떤 분위기일까? 우리 팀원들은 어떤 마음으로 매주 회의에 참석하고 있을까? 그들과 나 사이에는 직급이나 나이에 큰 차이가 없기 때문에 자연스러운 토론이 이루어진다고 생각한다. 개개인의 업무계획과 실적을 공유하고 이슈가 되는 점들을 함께 논의하는 과정에서 팀원들은 의견을 솔직하게 제시한다. 또 활발하게 의견이 논의되고 있는 것 같다.

그러나 팀원들도 그렇게 생각하고 있는지 궁금하다. 가끔 현장에서 회의를 효율화할 수 있는 방안이 없겠느냐는 질문을 받곤 한다. 나는 그 때마다 해답은 회의를 준비하는 실무자가 아니라 회의의 최고의사 결정권자에게 있다고 답한다. 회의 주재자의 성향에 따라 회의의 분위기, 나아가 회의의 품질이 완전히 결정된다. 아무리 좋은 제도와 시스템을 가지고 있더라도 최고의사결정권자의 말 한마디면 모든 것이 무너질 수 있기 때문이다. 소통이 자유롭게 흐르는 조직이 되었으면 좋겠다는 나의 바람은 우리 팀 회의에서부터 실현되도록 애써야겠다고 다짐해본다.

진급 시즌과
직급 역전의 비애

진급 축하 회식이 있었다. 아담한 한정식 식당을 예약하여 전 팀원이 둘러 앉았다. 황토로 벽을 두른 방은 아늑했고 한지로 만든 장식물이 운치를 더해주고 있었다. 옛 것을 현대식으로 재해석하여 설계한 공간은 정갈하면서도 온기가 느껴졌다. 거의 일년 내내 교육 과정을 운영해야 하는 우리 팀의 특성 상 모든 팀원이 한 자리에 모인다는 건 거의 불가능한 일인데 오늘은 용케 다 모였다. 우리 팀의 유일한 진급 대상자 형진은 무난히 대리로 진급을 했다. 함께 식사를 하며 그의 소감과 각오를 들었다. 그는 미소를 머금으며 모두에게 고맙다는 말과 대리 직급에 걸맞는 역할을 하도록 노력하겠다는 각오로 인사를 했다. 부장님과 동료들의 축하주가 이어졌고 분위기는 익어갔다.

생각해보니 사원에서 대리로 진급을 했을 때가 과장으로 진급한 때보다 더 기분이 좋았던 것 같다. 선배나 동료들도 그랬단다. 가장 큰 변화는 단연 호칭의 변화였다. '재승 씨'에서 '문 대리'로 바뀌었다. 부장님이나 동료들이 '문 대리'라고 처음 불러주었을 때 어색하고 쑥스럽기도 했지만 속으로는 무척 뿌듯했었다. 새로 받은 명함에는 이름 뒤에 '대리'라는 두 글자가 작지만 선명하게 자리잡고 있었다. 친구들에게 얼른 이 자랑스러운 명함을 나누어 주고 싶었다. 대리가 되고 나니 내가 상대하는 고객이나 외부의 거래처에서도 오히려 나를 더 편하게 부르는 것 같았다. 그들 역시 비즈니스 관계에 있는 나를 이름으로 부르는 게 거북했을 것이다. 그런데 이제는 '대리'라는 직급이 생겼으니 한결 편했을 것이다. 또 연봉도 올랐다. 월말 통장에 찍히는 숫자의 변화는 흐뭇함 이상이었다. 과장으로 진급했을 때도 기분은 좋았지만 그 정도는 아니었던 것 같다.

형진과 어울리면서도 곁눈으로 병국을 쳐다보았다. 여느 때와 같이 그는 유쾌해 보였고 특유의 시원한 목소리로 테이블 분위기를 이끌고 있었다. 그는 형진과 동갑이다. 형진이 대학원을 마치고 절묘한 타이밍에 입사를 하여 병국이보다 연차가 한 해 빠르다. 형진은 올해 진급을 했지만, 병국은 진급대상이 아니었다. 며칠 전만 해도 서로 '형진 씨', '병국 씨'로 부르다가 오늘부터 한 사람은 '박 대리'가 되고 한 사람은 여전히 '병국 씨'로 남게 되었다. 그들은 같은 해에 대학을 졸업

했지만 일 년 차이가 나게 되었다. 병국의 기분이 어떨까? 궁금하기도 하고 신경이 쓰이기도 했다. 두 사람 모두 아끼는 후배들인데 이 일로 인해 서로에게 거리감을 느끼거나 벽이라도 생기게 될까 염려되었다. 연차가 일 년 차이 난다고 해서 뭐 그리 대단한 것도 아닐 텐데 그래도 사람의 감정은 현재를 흐르니 당분간 쓰라릴 수도 있겠다 싶었다. 여전히 병국은 아무렇지도 않은 듯 현재를 즐기고 있었다. 동료들도 그와 함께 떠들고 있었지만 평소와는 사뭇 달라 보였다. 나만의 감상이었을까? 그랬다면 오히려 좋겠다.

팀제를 도입한 이후 조직에 나타난 변화 중 하나가 직급 역전 현상이다. 직급이 낮은 사람이 팀장 또는 리더로 선임되고 직급이 높은 사람이 팀원으로 구성되는 경우가 종종 일어난다. 팀제를 도입한 지 10년이 다 되어 가지만 여전히 자신보다 직급이 낮거나 나이가 어린 팀장 아래에서 일을 한다는 건 불편하다. 게다가 팀장이 학교 후배라면 비애는 더할 것이다. 요즘도 공직에서 특정 기수 출신이 기관장에 선임 되면 그 위 기수들이 집단적으로 퇴진하는 관행을 볼 수 있듯, 팀제 도입 초기에는 이런 현상이 발생하면 리더보다 직급이 높거나 나이가 많은 사람들은 조직을 떠나라는 신호로 받아들였다. 실제로도 일부는 회사를 그만두었다.

지금은 구성원들의 인식이 많이 달라졌다. 내가 지원하고 있는 사업부에도 팀장보다 더 높은 직급의 구성원이 팀원으로 있는 조직이 몇 있다. 게다가 한 팀의 경우에는 두 사람이 고등학교 동문이기도 하다. 표면적으로 모든 관계는 평화롭게 보였고, 상호 존중하며 일하는 것으로 보였다. 그러나 마음도 그러할까? 팀장 역시 불편하기는 마찬가지인 듯했다. 모두가 그런 것은 아니지만 몇몇 팀장은 직급이 높거나 나이가 많은 팀원의 일 처리 방식이나 결과가 마음에 들지 않더라도 강하게 독려하지 못하는 듯했다. 나라도 그럴 것 같다. 그 팀장은 몇 번이고 농담하듯 답답함을 토로했었다.

내가 만약 저런 상황에 처하게 된다면, 내 후배가 상사로 선임되면 어떤 결정을 내리게 될까? 몹시 속이 상할 것 같다. 나의 무능함에 속이 상할 것이고, 자존심도 상처를 받을 것 같다. 당장 사표를 던질 수도 있겠지? 만약 먹고 사는 문제 때문에 회사를 그만둘 수 있는 처지도 아니라면 굴욕감은 더할 것 같다. 복잡하게 얽힌 실타래같이 마음이 혼란스러웠다.

술을 전혀 못 마시는 줄 알았던 형진이 오늘은 연거푸 몇 잔을 비워냈다. 알고 보니 그도 주량은 타고난 놈이었다. 알고 보니 아버지와 그 형제들이 엄청난 주당이고 형진에게 그 피가 흐르고 있었다. 그렇지만 여태 그는 소주를 두 잔 이상 마신 적이 없었다고 한다. 엄청난 자제력이다. 아무튼, 오늘 그는 기분 좋게 마셨고 기분 좋게 취했다.

나도 취기가 오르고 팀원들도 모두 취한 아름다운 밤이었다.

　내년도 진급 시즌은 치열한 각축전이 될 것이다. 우리 팀뿐만 아니라 같은 HRD조직 산하에 대리 진급 대상자들이 수두룩하기 때문이다. 그들 모두 진급하기를 희망하겠지만 몇 명은 고배를 마시게 될 것이다. 살아남기 위한 경쟁은 야생세계와 다를 바 없다. 가슴 아픈 일이지만 우리 팀에서 슬픈 소식이 들리지 않길 바랄 뿐이다. 남은 기간 동안 그들을 위해 내가 해야 할 일을 머리 속에 그려보았다. 다른 팀에서도 올 한 해 동안 리더들은 진급 대상자들을 위해 많은 지원을 할 것이고, 연말이면 성패가 판가름이 날 것이다.

'팀원과도
합의가 필요합니다'

올해도 전 사원을 대상으로 하는 조직개발교육 과정을 실시하기로 결정했다. 교육 과정을 개발하려면 최소한 두 달 동안은 꼼짝 없이 과정개발실에 감금(?)되는 생활을 해야 하고, 또 다섯 달 정도는 이만 오천 여 명에 달하는 사원 교육에 온전히 매달려야 한다. 거기에 사업의 가파른 성장과 더불어 조직이 급속도로 팽창하면서 조직책임자가 기하급수적으로 필요하게 되었고, 이들을 사전 육성하기 위한 교육 과정을 개발하고 운영하는 일도 시급한 과제가 되었다. 물론 엄청나게 밀려드는 신입사원과 경력사원 교육도 소홀히 할 수 없다. 기존에 운영하던 교육 과정이나 제도, 시스템도 지속적으로 유지하고 개선해야 한다. 인원이 충원되긴 하겠지만 올해도 치열한 나날이 될 듯하다.

팀 회의 시간에 이런 상황을 설명하면서, 금년에는 내가 조직개발교육, 리더십교육 개발과 운영에 신경을 더 많이 써야 할 것 같으니 나머지 교육 과정은 담당자들이 각자 더 주도적으로 운영과 개선에 힘써 달라고 했다. 오늘 아침 관리자 회의의 분위기로 보아 내가 이들 교육 과정 개발 프로젝트 리더가 되어야 할 것 같았기 때문이다.

내가 말을 마쳤을 때 팀원들은 고개를 숙이고 입을 굳게 다물고 있었다. 회의실에 몇 초간 정적이 흘렀다. 형진이 손을 들었다.

"그런 것들은 팀장님 혼자 결정할 것이 아니라 팀원들의 동의를 구해야 하는 것 아닙니까?"

형진은 잠깐 멈추었다가 다시 말을 이었다.

"팀장님이 관심을 가지고 있는 일을 하는 사람들은 주목을 받고 일을 하는데 탄력도 받겠지만, 나머지는 담당자가 혼자서 고군분투해야 한다는 건데, 팀원 대부분이 사원급인 상황에서 조금 심하다는 생각이 듭니다."

당혹스러웠다. 짧은 시간 동안 안면의 미세혈관에서 피가 일시에 빠져나간 듯 얼굴이 저려왔다. 이런 반응이 있을 줄 전혀 예상하지 못했다. 지금까지 누구도 내가 하는 말에 반대 의견을 제기한 적이 없었고 더군다나 평소에 믿고 있던 놈이 그런 말을 했다는 데 적잖이 놀랐다. 하기야 내가 그를 믿고 있다는 사실을 알고 있기 때문에 그런 말을 던질 수 있었을 것이다.

"그래, 그렇기는 하네……. 여러분들의 동의를 구하는 것이 아니라 일방적으로 통보해서 미안합니다. 그렇지만 우리가 처한 상황이 그러하니 여러분들이 이해해 줄 것으로 믿어요. 그리고 나도 교육 과정 개발 프로젝트를 수행하면서 팀의 일에도 소홀히 하지 않고 꼼꼼하게 챙기도록 노력할게요. 여러분도 적극적으로 도와주길 바래요."

당황해서 무슨 말을 어떻게 했는지 정확하게 기억나지는 않지만 대략 이 정도로 마무리 지었던 것 같다. 또 후배녀석한테 한방 맞았다. 얼굴이 화끈거리고 심장이 뛰었지만 애써 태연한 척하며 회의를 마쳤다.

형진의 말이 옳았다. 팀원 모두가 영향을 받을 수 있는 사안을 상사 혼자 독단적으로 의사 결정해서 통보를 하게 되면 구성원들의 의욕이 떨어질 수 있다. 게다가 그 의사결정으로 인해 부정적인 영향을 받는다고 느끼는 구성원은 반발할 수밖에 없다. 조직의 위계 때문에 겉으로는 상사의 지시를 따르기는 하겠지만 마음 한 구석에 리더에 대한 서운함과 불편한 감정이 한 겹 더 쌓이게 될 것이다. 내 나름대로 상황을 타개하기 위해 고민한 결과를 통보하는 대신 우리가 처한 상황을 이야기하고 그들에게 대안을 물었어야 했다. 그렇다 하더라도 그들이 내린 결론은 아마도 나의 생각과 크게 다르지 않았을 것이다. 그렇지만 그때는 그들이 결론을 더 기꺼이 받아들였을 것이다. 똑같은 결론인데도 수용하는 태도는 극적으로 달랐을 것이다. 스스로 결정한 것이기 때문이다. 논리나 합리성보다는 감정에 더 좌우되는 것이 인간이기에, 리더는 구성원의 감정을 먼저 헤아려야 한다.

속이 쓰렸지만 또 하나를 배웠다. 이론을 통해 변화관리의 중요성에 대해 귀에 못이 박히도록 들었건만 작은 것에도 적용하지 못했다는 자책감이 나를 괴롭혔다. 누군가가, 그것도 후배가 지적해주어서야 겨우 그것을 알아챘다는 사실이 더 나를 비참하게 했다.

'안다'는 말은 지知, 행行, 용用, 훈訓, 평評의 다섯 단계로 이루어져 있다고 한다. 즉, 단순히 지식을 기억하는 수준, 의미를 이해하고 행동으로 옮기는 수준, 응용해서 다른 상황에 적용할 수 있는 단계, 다른 사람에게 훈수를 두는(가르치는) 단계, 그리고 타인의 지식과 행동을 평가하고 새로운 것을 창조할 수 있는 단계로 나뉜다. 이러한 관점에서 나는 변화관리라는 지식의 초보적인 수준에도 미치지 못하는 것 같다.

논어의 술이述而편에 '삼인행필유아사三人行必有我師'라는 구절이 있다. 세 사람이 길을 걸으면 그 중에 반드시 나의 스승이 있다는 뜻이다. 나의 말과 행동이 다른 사람에게 영향을 미치고, 나는 주변의 누군가로부터 배운다. 우리 모두가 스승이고 제자인 셈이다.

팀원들이 나로부터 어떤 것을 배우는지 모르지만 요즘 나는 후배들로 인해 참 많은 것을 얻는다. 후배이지만 어떤 때는 나보다 커 보일 때가 있다. 오늘도 형진이 한편으로는 괘씸하다는 생각도 들었지만,

나 보다 더 넓게 보고 깊게 생각해서 솔직하게 이야기해준 그가 고마
웠다. 회의를 마치고 나는 형진에게 고맙다는 말을 하고는 내가 리더
역할을 하는 동안 참고가 될 만한 내용이나 혹시라도 잘 못하는 부분
이 있으면 언제든 이야기해달라고 부탁했다.

사람 좋은 후배와
자기 일을 잘 챙기는 후배

"도대체 몇 번째야? 임마, 정신 좀 차려라."

아침부터 부장님의 언성이 높아졌다.

"남의 일에 신경 쓰지 말고, 네 일이나 좀 똑바로 해! 네 일 먼저 해 놓고 남의 일 돕든지."

병국이 오늘까지 부장님에게 보고하기로 한 '중간관리자교육 과정 검토보고서'를 완성하지 못했다. 원래 지난 주까지 보고하기로 되어 있었지만, 그 때도 보고서가 완성되지 않아 이번 주로 미루어진 터였다. 이번에도 병국은 깊이 있게 검토를 하지 못했나 보다.

사실, 병국이는 자신의 일보다 동료들의 일에 더 적극적이다. 오지 랖넓다는 말을 들을 만하다. 동료가 힘들어 하거나 도움이 필요하다는 신호를 보내면 자신의 일은 제쳐놓고서라도 발벗고 나선다. 그래서 팀원들이 모두 그를 좋아한다. 그런데 문제는 자신의 일을 제대로 돌보지 못한다는 것이다.

오후에는 정훈이 신입사원교육 과정 중 일부를 수정하기 위해 자료를 만들고 있는데 잘 풀리지 않았나 보다. 옆에서 괴로워하고 있는 정훈을 보고 있던 병국이 그와 함께 과정개발실로 들어가더니 한참 동안 보이지 않았다. 아마 그 안에서 둘이 머리를 맞대고 아이디어를 짜내고 있었을 것이다. 그러는 동안 그의 일은 주인 없는 책상 위에서 뒹굴고 있었다. 아침에 부장님께 꾸중을 듣고 난 뒤 우울해졌던 기분은 어느새 또 그렇게 증발되어 흩어져버린 것이다.

반면 형진은 자신의 일을 누구보다 잘 챙긴다. 자신에게 맡겨진 일은 기한 내에 틀림없이 해낸다. 일을 하는 동안 그는 굉장한 집중력을 발휘하고 어떤 것에도 방해를 받지 않으려는 듯 헤드폰을 끼고 일을 하기도 한다. 그는 과제에 한 번 몰입하면 주변에서 벌어지는 일에 관심을 주지 않는다. 그는 대리인데도 불구하고 고집도 만만치 않아 스스로 옳다고 믿는 바는 집요하게 밀어붙이고, 웬만한 과장급과 붙어도(?) 결코 밀리지 않는 뚝심과 추진력도 있다. 일 처리에 관한 한 누구도 그를 의심하지 않는다. 나도 그에게 일을 맡기면 우선 마음이 놓인다. 내가 기대하는 이상으로 성과를 낼 것을 믿기 때문이다. 업무를 주었을 때 안심할 수 있는 팀원을 어느 상사가 좋아하지 않을 수 있을까?

자신의 것은 챙기지 못하는 한이 있어도 동료의 어려움을 그냥 넘기지 못하는 병국과 자신에게 주어진 일은 악착같이 완수해내는 형진, 두 가지 성향 모두를 지닌 팀원을 기대하는 것은 욕심이겠지? 그런데 병국과 형진, 둘 중 누가 조직에서 더 인정을 받을까?

선배들 중에는 '사람 좋다'는 말을 자주 듣지만 일 처리는 답답한 사람이 있다. 동료들이나 내게 인간적으로 잘 대해주고 삶에 관한 조언도 주고 하여 존경하지만, 일의 방향을 제대로 잡지 못하거나 폭넓은 안목으로 접근하지 못해 상사의 질책을 받는 모습을 볼 때는 연민이 느껴진다. 맘 좋은 이웃집 아저씨처럼 동료나 후배들을 푸근하게 대하여 인간적으로는 더할 나위 없이 좋지만 내실이 부족한 게 늘 아쉽다. 게다가 이런 사람들은 대개 어떤 경우에도 긴장감을 잘 보이지 않고 느긋하여 상사들의 눈총을 더 받는다. 병국은 물론 이런 유형은 아니지만 마음만 좋은 사원으로 각인될까 염려 되었다.

어떤 때는 사람 좋은 것과 내 일을 잘 챙기는 것 사이에서 절묘한 줄타기도 필요해 보인다. 부디 병국이 동료의 일과 팀 공동의 일에 앞장서는 것을 조금 줄이는 한이 있더라도 자신의 일을 훌륭하게 처리해 빛이 나기를 진심으로 바래본다. 물론 그라면 두 가지 모두 훌륭히 소화해낼 수 있을 것이라는 생각에는 변함이 없지만……

목계 木鷄의
교훈

"팀장님, ○○업체에서 약속했던 교육재료를 우리가 요청했던 그 날까지 보낼 수 없다고 하는데요, 어떻게 하죠?"

나는 자리에서 벌떡 일어섰다.

"그 사람, 도대체 이번이 몇 번째야, 전화번호가 몇 번이에요?"

나는 흥분해서 이미 전화기를 집어 들고 번호를 누를 준비를 하고 있었다. 나의 격앙된 반응에 서류를 들고 있던 송 대리의 손이 스틸 사진처럼 멈추었다. 그는 잠깐 동안 말을 잇지 못하다가 더듬거리며 대답했다.

"네…… 네……. 전화번호는 3779-××××입니다."

한창 진행되고 있는 교육에 필요한 물품을 제때 제공받지 못하면 낭패다. 물론 대체할 수 있는 물건을 보내주겠다고는 했지만 내가 맡고 있는 교육 과정에 흠집이 나는 것을 참을 수 없었다. 나는 업체에 전화를 걸어 계약 당시 충분한 시간이 있었음에도 불구하고 몇 번씩이나 아슬아슬하게 물건을 보내 우리를 가슴 졸이게 만들더니, 이번엔 제 시간에 보내주지 못하겠다고까지 하는 데 강한 불만을 토로했다. 이런 일이 한 번 더 발생하면 다시는 거래하지 않겠다며 전화를 끊었다. 팀원들이 나를 쳐다보고 있었다. 조금 전에 품질교육 강사 문제와 관련해 상일의 보고를 받고 나는 이미 화가 나 있던 터였다. 강사를 파견해주고 있던 업체에서, 지난 몇 차례 교육 동안 강사평가 결과가 좋지 않아 우리가 정중히 거절했던 강사를 다음주에 또 투입하려 했기 때문이었다.

내가 책임을 지고 있는 한 우리가 제공하는 모든 교육을 최상의 수준으로 유지하고 싶었고, 한치도 어긋남이 없이 일을 처리해내고 싶었다. 그런데 최근 들어 거래업체에서 몇 차례 실망스러운 소식을 전해와 기분이 별로 좋지 않았다. 우리의 요구수준을 만족시키지 못하는 업체와 거래를 하지 않으면 그만이지만, 더러는 마땅한 대안이 없어 울며 겨자 먹기 식으로 유지해야 하는 곳도 있었다.

나는 처음으로 한 팀을 맡았고, 잘 해봐야겠다는 의욕에 불타올라 있었기 때문에 단 하나의 오점도 남기고 싶지 않았다. 나는 일상적인 업무진행에 차질을 빚지 않도록 매일 꼼꼼하게 챙겼고, 새로운 프로젝트도 세부적인 것까지 살폈다. 하루를 정신 없이 보내더라도 계획한대로 일이 진행되는 것을 보며 만족했다. 그런데 복병들이 연일 불쑥불쑥 튀어나왔다. 나는 예기치 못한 사건들에 당황했고 화가 나기도 했다. 내 경력에 불순물들이 덕지덕지 묻어 오는 듯했다.

이런 일들은 대개 긴급을 요하는 경우가 많았다. 갑작스럽게 밀어닥치는 이슈들을 막아내느라 이리저리 전화를 돌리고 회의를 하는 등 허우적거렸다. 당장 그 일을 막아내지 않으면 더 큰 문제로 파장이 확산될 수 있기 때문에 다른 곳을 쳐다볼 여유가 없었다. 조금이라도 여유가 있는 일들은 우선순위에서 밀렸다. 이런 상황이 지속되자 나는 신경이 날카로워졌다. 작은 일에도 민감하게 반응했고, 쉽게 흥분하고 화를 내곤 했다. 늘 낭떠러지 위에 놓인 외나무다리를 건너는 듯 위태로웠다. 하루를 보내고 나면 말 그대로 정신이 하나도 없었다. 퇴근을 하려 가방을 챙길 때면 멍했다. 뭔가 많은 일들이 있었던 것 같은데 무엇을 하며 시간을 보냈는지 기억이 없다.

캐리 패터슨은 《결정적 순간의 대화》라는 책에서 그 향방에 따라 심각한 혹은 치명적인 결과를 초래할 수 있는 순간의 대화를 잘 이끄는 사람이 어느 곳에서건 존경 받고 성공을 거둘 수 있다고 했다. 그가 제시하는 대화법의 핵심은 '대화의 목적에 집중하기'와 '상대를 배려하기'다. 상대를 배려하면서 대화의 목적에 집중한다면 감정의 기복에 휘둘리지 않아도 된다. 상대방이 나와 다른 의견을 제시하면 불편한 감정에 휩싸이게 되어 흥분하거나 혹은 침묵으로 의사표현을 하게 된다. 감정이 흔들리게 되면 단정적인 표현, 심한 경우에는 극단적인 말을 하게 되어 대화는 걷잡을 수 없이 혼란에 빠진다.

장자莊子의 달생편達生篇에 나오는 목계木鷄의 우화가 생각났다. 옛날 어느 나라에 기성자紀省子라는 사람이 있었는데, 그는 투계鬪鷄 조련사였다. 당시 임금이 닭싸움을 좋아하여 그에게 닭 한 마리를 주며 최고의 싸움닭으로 만들어 달라고 했다. 맡긴지 열흘이 지나자 임금은 사람을 보내어 '어떻게 되어가나?'하고 묻자 그는, '아직 멀었습니다. 너무 우쭐대고 있지요.'라며 돌려보냈다. 또 열흘이 지났을 때 시종이 와서 '이제 좀 좋아졌겠지?' 라고 물으니 '아직도 한참 멀었습니다. 다른 싸움닭을 보면 허둥대거든요.' 또다시 열흘이 지나서 시종이 '이번엔 어떤가?'하고 물었더니 '아직도 눈이 성을 내고 있어요.'라고 대답했다. 그로부터 또 열흘이 지나 시종이 나타나자 '이제는 쓸만해진 것 같습니다. 다른 싸움닭이 울어도 허둥대지도 않고 멀리서 보고 있으면 꼭 나무로 깎아 만든 닭 같이 되었지요. 그렇지만 이 닭은 다른 투계에게 보여주면 아무리 힘센 닭도 도망쳐 버리지요.'라며 그 닭을 넘겨주었다고 한다.

스스로 감정을 통제한다는 것은 오랜 동안의 훈련을 통해 가능하다. 리더라면 구성원의 한마디 말에 일희일비하지 않도록 스스로 단련해야 한다. 비단 말 뿐일까? 부하사원의 작은 실수 앞에 표정이 용암처럼 굳어 버린다면 구성원은 늘 긴장상태에 있을 것이고, 리더를 대하기가 쉽지 않을 것이다. 또 작은 일에도 쉽게 흥분하고 안절부절 못하는 모습을 보인다면 구성원은 갈피를 잡지 못하고 더 혼란스러워 할 수도 있다.

나는 그동안 의욕만 앞서 스스로 힘든 길로 들어간 것이 아닌가 생각되었다. 리더가 사소한 것에 흔들리지 않는 의연한 모습을 보일 때 구성원은 리더를 든든한 후원자로 신뢰하게 된다. 목계의 교훈을 되새겨 본다.

나 때문에 조직을
떠나는 후배가 없기를……

박은정 대리 환송회식이 있었다. 작년에 박 대리가 자동차 접촉사고를 당했을 때 내가 도와준 것이 계기가 되어 친하게 되었는데 떠난다니 마음이 짠했다. 회자정리會者定離 거자필반去者必返. 즉 사람이 만나면 언젠가 헤어지는 것처럼, 헤어지면 언젠가 다시 만날 수 있다고 하지만 정든 사람을 보내는 아쉬운 마음이야 어찌할 수 없나 보다. 평소에 늘 천진난만하고 장난끼 가득한 웃음으로 사람들을 기분 좋게 하던 그 큰 두 눈이 붉어지더니 이내 물줄기를 이룬다. 그녀는 떠날 때도 봄바람처럼 유쾌하게 떠날 줄 알았다. 우리는 처음 보는 그녀의 눈물을 놀려대며 웃었다. 그녀도 따라 웃었다.

우리는 밤 늦게까지 그동안 정들었던 사람들의 이야기, 감동적이었던 일화들과 그녀를 당황스럽게 했던 사건들에 대해, 그리고 그녀 앞에 펼쳐지게 될 새로운 세상의 일들에 관한 기대와 설렘을 함께 나누며 웃고 떠들었다.

그녀는 다음 주부터 다른 회사에서 일을 하게 될 것이다. 그곳에서 새로운 사람들과 새로운 환경에서 웃고 울고 할 것이다. 새롭다는 것은 낯설다는 뜻이기도 하다. 낯설음은 막연한 불안감을 준다. 그래서 사람들은 스스로 낯설어지는 상황을 쉽게 택하려 하지 않는다. 그럼에도 불구하고 떠나는 사람과 새롭게 들어오는 사람들의 행렬은 끊임없이 이어진다. 그래서 조직을 회전문에 비유하기도 한다. 들어오는 사람과 나가는 사람의 이동이 끊임없이 반복되기 때문이다. 봄철이면 떠남과 만남이 유행처럼 번지는 것 같다. 봄바람이 사람의 마음까지 울렁이게 하나 보다.

사람들은 저마다의 사연으로 조직을 떠난다. 어떤 이는 새로운 기회와 도전을 찾아 떠난다. 가슴속에 담아둔 꿈을 현실로 끌어들이기 위해 길을 나서는 것이다. 끓어오르는 열정과 벅찬 가슴을 주체하지 못해 모험을 감행한다. 현재에 결코 만족하지 못하는 사람이고 용기 있는 사람이기도 하다. 박 대리가 바로 그런 경우다. 그녀는 유럽으로 가고 싶어 했다. 유럽의 분위기와 그들의 삶 속에 스며들어 일상을 공유하며 일하고 싶어 했다. 몇 년 전 처음으로 유럽여행을 떠났을 때 마주쳤던 첫 느낌이 그녀를 그리로 끌어당겼다고 했다. 이 곳에서는 그런 기회를 찾을 수 없었기 때문에 새로운 직장을 물색했고, 드디어 기회를 잡았다.

또 어떤 사람들은 지역적인 문제 때문에 조직을 떠나기도 한다. 우리 회사에도 지방에 위치한 사업장에 근무하는 수도권 출신의 구성원들이 있다. 그들은 대기업이라는 점에 이끌려 우리 회사에 입사를 했지만 지금까지 살아왔던 삶의 근거지와 멀리 떨어져 새로운 삶을 일구어 간다는 것이 그리 녹록하지만은 않았다. 지방에서의 삶에 외로움을 느끼는 듯했다. 그들은 금요일 저녁이나 휴일이면 어김없이 서울로 가 잠시 동안 단절되었던 일상을 이어나간다. 그리고 그것이 진정한 자신의 생生이라 여긴다. 지방에서의 삶은 돈벌이 때문에 택한 어쩔 수 없는 선택이라 여기면서 수도권으로 자리를 옮길 수 있는 기회를 엿본다. 이들은 지방에서의 생활을 대부분의 남자들이 군 복무 때문에 겪는 단절의 경험만큼이나 절박한 상황으로 받아들인다. 사람마다 가치관이 다를 수 있으니 이 또한 뭐라 할 수는 없는 노릇이다.

안타까운 일이지만 조직에서 인정을 받지 못해 떠나는 사람도 있다. 이들은 자신의 색깔에 어울리는 조직을 찾아 떠난다. 똑같은 사람이라도 어느 조직에서는 각광받고 유능한 사람으로 비춰지다가도 다른 조직에서는 무능하고 일 못하는 사람으로 낙인 찍힐 수도 있다. 밝고 외향적인 사람이 긍정적으로 평가를 받는 곳도 있지만 어떤 조직에서는 주의가 산만하고 진중하지 못해 실수를 연발하는 사람으로 인식될 수도 있다.

선배 한 명은 자신의 성과를 잘 드러내보이지 못하는 성격을 가졌다. 그는 톡톡 튀는 아이디어로 훌륭한 성과를 냈음에도 불구하고 겸손했다. 이런 겸손 때문에 상사로부터 일에 대한 열정이 부족하다는 피드백을 받기도 했다. 모두들 자신을 드러내는 것을 미덕으로 여기는 곳에서 겸손은 자신 없고 무능한 모습으로 비쳐질 수도 있다. 얼마지 않아 그는 떠났다. 안타까웠다. 또 후배 한 명은 늘 신중하고 진지했다. 별명이 'Mr. serious' 였을 정도였다. 그 때문에 일을 할 때 완벽하기는 했지만 다소 늦어지는 경향이 있었다. 그래서 많이 혼나기도 했다. 이 조직에서는 일을 빨리 처리하는 것을 선호하기 때문에 일정이 늦어지는 데 민감했다. 두 해를 넘기지 못하고 그도 공기업으로 자리를 옮겼다.

조직은 해를 거듭하면서 저마다 성공을 일구어가는 방식을 만들어낸다. 이런 것들이 구성원들간에 암묵적으로 공유된 업무 수행의 표준이나 기준으로 굳어진다. 여기에 비추어 적합한 사람은 조직에 계속 남고 그렇지 않은 사람은 자신의 기질에 어울리는 조직을 찾아 떠나게 된다.

그런데 정말 안타까운 경우는 사람 때문에 떠나는 이들이다. 후배 또는 동료와의 관계가 좋지 않아 떠나는 경우는 거의 없다. 사람 때문에 조직을 떠나는 경우는 대부분 상사 때문이다. 상사가 신뢰를 주지 못하거나 인간적인 모멸감을 준다거나 하여 자신의 삶과 성장에 도움이 되지 않고, 오히려 그로 인해 피해를 입는다고 생각하면 조직을 떠난다. 정말 떠나야 할 사람은 그가 아니라 상사인데도 말이다. 이런 상사가 많은 조직은 장래가 불투명하다. 그래서 조직마다 리더십의 중요성을 강조하지 않는 곳이 없는 것일까? 혹시라도 나 때문에 조직을 떠나는 후배는 없어야 할 텐데…….

나는 그녀가 새로운 조직에 잘 적응해서 자신의 색깔을 잘 드러내며 빛나기를, 그리고 그렇게 원하던 유럽에서 활개를 펼칠 수 있기를 빌어주었다.

그런데 나는 내가 원하는 삶을 살고 있나? 떠나는 사람을 볼 때마다 나는 내 자신을 돌아보고 그들처럼 훌쩍 떠날 용기가 없음에 위축되기도 했다. '나는 이 곳에서 내 길을 묵묵히 걸어가고 있으니 부러울 게 뭐 있어?'라는 생각이 들다가도 가보지 못한 길에 대한 미련은 어쩔 수 없나 보다.

내가
잘 아는 일만 한다??

"팀장님은 리더십교육에만 관심이 있고 품질교육에는 전혀 신경을 안 써 주시는 것 같아요."

상일이 특유의 너털웃음을 지으며 툭 내뱉었다. 팀원 몇 명과 점심 식사를 같이 하고 회사 정문 근처에 있는 벤치에서 커피를 마시고 있었다. 리더십교육을 담당하는 형진도 함께 있었다. 상일은 농담처럼 흘렸지만 벌써 세 번째하는 얘기였다. 나는 언제 그랬냐며 웃음으로 응수했지만 마음속에는 그에 대한 미안함이 없진 않았다.

실무자에서 승진을 하여 리더의 역할을 수행하게 되면 업무의 책임 범위가 갑자기 넓어지게 된다. 리더가 되었다고 해서 갑자기 모든 업무를 조망하면서 조율하기란 쉽지 않다. 많은 리더들이 초기에는 자

104

신이 평소에 관심을 가지고 있거나 호감을 가지는 분야에 시간을 많이 투입하는 경향이 있다. 또한 실무를 할 때 자신이 맡고 있던 일을 상대적으로 중요하게 여기는 성향이 있기도 하고, 익숙하기 때문에 더 꼼꼼하게 챙기거나 시간을 많이 할애하기도 한다. 반면 직접 경험하지 않은 일은 잘 모르기 때문에 처음에는 실무담당자에게 상당 부분 의존하거나 아예 맡기는 경우도 있다.

나 또한 마찬가지였다. 조직개발과 리더십교육만을 담당하는 실무자였다가 경영교육 전체를 총괄해야 하는 리더의 역할을 처음 맡았을 때 다른 교육에 대해서는 잘 몰랐다. 물론 같은 팀 내에서 이루어지는 업무였기 때문에 내용이 어떻게 구성되어있는지 또 어떻게 진행되고 있는지 개략적으로는 이해하고 있었지만, 세세한 것까지는 잘 모르고 있었다. 게다가 내 관심사는 조직개발과 리더십이었기 때문에 품질교육이나 어학 등 다른 교육에 크게 비중을 두지 않았던 것도 사실이다.

그래서 나와 한 팀을 이루어 일을 하던 후배들이 진행하는 교육 과정과 프로젝트에는 깊숙이 개입하여 세부적인 사항까지도 조정을 했지만 그 외의 과정은 진행현황을 파악하는 데 그치고 있었다. 보고를 받으면서 특이사항이 없는지만 확인하고는 결재를 하곤 했다. 그들이 맡은 교육 과정을 더 나은 방향으로 개선하거나 바꾸려는 시도를 하지 못했다. 하나의 업무를 새로운 각도에서 조망하고 디자인하기 위해서는 그 일을 속속들이 알아야 하는데 그러기 위해서는 시간이 필요했다. 사실, 시간도 시간이지만 고백하자면 결국 관심의 문제였던 것 같다.

리더란 자신이 맡고 있는 일의 결과 전체에 책임을 져야 한다. 팀에서 발생하는 모든 일이 곧 나의 성과이기 때문이다. 그래서 리더가 되면 기존에 자신이 하던 업무뿐만 아니라 팀원의 일을 모두 살펴야 한다. 그렇지 않고 이미 익숙한 일이나 관심을 가지는 업무에만 초점을 맞추게 되면 그 외의 업무를 수행하는 구성원들의 마음을 상하게 할 수 있다. 그들은 소외감을 느끼게 될 것이다. 리더의 시야에서 벗어난 변두리 일을 수행하면서 만족을 느끼기란 쉽지 않다. 리더 또한 지금까지 경험하지 못했기 때문에 잘 몰랐던 업무영역을 깊이 있게 이해하기 위해 시간을 들여 공부해야 한다. 실무담당자에게도 더 관심을 가지고 그로부터 많은 정보를 얻고 배워야 한다. 그 과정에서 그를 보다 깊이 이해할 수 있고 친밀감도 깊어지지 않을까?

그런데 오늘은 조금 억울한 면도 없지 않다. 하나의 프로젝트를 끝내고 나면 심신이 피로하여 한동안은 아무 생각 없이 쉬고 싶을 때가 있다. 대개 교육 과정 개발 프로젝트는 고도의 집중을 요하기 때문에 연일 긴장과 스트레스의 연속이다. 마침내 최종 완료보고를 끝내고 나면 탈진상태가 된다. 그래서 이후 한동안은 신경을 곤두세우고 머리를 써야 하는 복잡한 일은 제쳐두고 싶은 것이 솔직한 심정이다.

그런데 바로 이 시기를 전후하여 다른 후배가 새로운 프로젝트를 시작하는 경우가 있다. 이 프로젝트 역시 온 마음을 쏟아 과정에 개입해야 하지만 아직 나는 완전히 회복을 하지 못한 상태이기 때문에 온전히 몰입하기란 쉽지 않다. 그러면 이 후배는 내게 서운함을 느낀다. 그 전 프로젝트에는 온 시간과 에너지를 투입하면서 자신의 프로젝트에는 그다지 큰 관심을 보이지 않는다고 여기며 내게 서운함을 비치는 것이다.

상일의 일이 바로 그런 경우다. 지난 주까지 형진과 함께 리더십교육 프로그램 하나를 개발하여 운영을 시작하느라 그야말로 정신이 하나도 없었다. 겨우 시범운영을 하고 나서 과정 개발 완료보고를 하고 나니 긴장이 완전히 풀렸다. 그런데 그 프로젝트가 완료되기 바로 일주일 전에 상일은 품질교육 과정 개발을 시작했다. 그 때 나는 리더십 교육 과정 개발 막바지에 몰려 신경이 곤두서 있었던 상황이었다. 상일에게 어쨌거나 내 잘못은 맞지만 진심은 그게 아니라고 변명하고 싶었다.

리더가 되면 실무자 시절에 비해 통제가능성controllability이 넓어진다. 대체로 자신의 일과 시간을 스스로 조정할 수 있는 여지가 넓어지기 때문에 직무만족도도 높아진다. 선호하는 일에 조금 더 시간과 에너지를 투입할 수 있는 자유(?)도 누릴 수 있다. 업무의 우선순위를 정하는 데 자신의 의견을 충분히 반영할 수도 있고 원하는 곳에 조직의 자원을 투입할 수도 있다. (정당성의 관점을 떠나) 개인적인 관심에서 멀어진 일은 뒤로 미루거나 당장 급하게 처리해야 할 일이라면 후배에게 넘길 수도 있다. 이런 점에서 리더는 자유롭기는 하다.

그러나 내 조직에서 일어나는 일들은 결국 모두 내 책임이고 나의 일이다. 어떤 것도 방치할 수 없다. 그러므로 나는 쉴 틈이 없다. 팀원들은 하나의 프로젝트가 마무리 되면 다음의 것이 시작되기 전까지 잠깐의 여유라도 누릴 수 있지만 나는 차례로 진행되는 여러 개의 프로젝트를 모두 챙겨야 하므로 일년 내내 연중 무휴다. 오히려 그들이 부럽다.

밤 새워 미션과 비전 만들기,
인내는 리더의 몫이다

사무실에서 차로 한 시간쯤 떨어진 산 속에 위치한 대학 연수원을 빌려 부서 워크숍을 열었다. 도시와 도시를 잇는 4차선 국도를 따라 내려가다가 2차선 지방도로 꺾어 들자 길 양쪽으로 울창한 산림이 펼쳐진다. 숲 속으로 난 길을 따라 얼마를 더 달리다 고개를 넘으니 갑자기 시야가 확 트이며 언덕 아래에 아담한 건물이 몇 채 드러났다. 천연요새 같다는 생각이 들었다. 문명의 소음과는 완전히 단절되어 느닷없이 세상이 멈춘 듯 고요해졌다. 오로지 바람이 흘러가는 소리와 나뭇잎 팔랑거리는 소리, 그리고 가끔씩 들리는 새 울음소리가 전부였다. 도시에서 약간만 벗어나도 이런 무음無音의 세계가 존재한다는 것이 신기했다.

워크숍은 형진이 진행을 했다. 오늘 워크숍의 목적은 우리 부서의 미션과 비전을 정하는 것이다. 먼저 우리의 고객을 정의하고, 그들이 우리에게 기대하는 것과 우리가 제공해주어야 할 것을 논의하기로 했다. 그런데 고객을 정의하는 단계에서부터 의견이 둘로 나뉘었다. 우리의 제1고객을 누구로 볼 것인가 하는 대목에서 일부는 경영을 책임지고 전략적 방향을 결정하는 경영진을 최우선으로 해야 한다고 했고, 나머지는 교육서비스의 수혜를 받는 직원들이라고 했다. 각자 나름의 논리를 내 새웠고 어느 진영도 순순히 물러서지 않았다. 이 단계의 결정에 따라 다음 단계의 전개방향이 완전히 달라지기 때문이었다.

30분도 넘게 누가 우리의 제1고객인가에 대해 맹렬한 난상토론이 이어졌지만 쉽게 결론이 날 것 같지 않은 분위기였다. 그러나 부장님이나 나는 단 한 번도 개입하지 않았다. 부장님의 의견은 바로 최종 의사결정이 되기 때문이다. 부장님은 아무리 많은 시간이 걸리더라도 구성원들끼리 합의를 통해 결론이 내려지기를 기대했고 워크숍 시작 전에 그렇게 선언도 했다. 토론은 계속 되었고 한 시간이 다 되어가도록 우리의 고객이 누구인지 아직 결론이 나질 않았다. 이런 식으로 가다가는 밤을 새워도 다음 단계로 넘어가지 못할 듯했다. 부장님은 여전히 아무 말씀도 없다. 정말 작정을 하신 듯했다.

나는 잠깐 휴식 시간을 가진 다음 논의를 계속하자고 제안했다. 뜨겁게 달아오르던 토론의 열기를 잠깐이라도 냉각시킬 필요가 있어 보였다. 두 편의 의견이 충돌하여 감정적인 대립이 있었던 건 아니었지만 휴식이 흥분을 다소 가라앉혀줄 것이고, 그렇게 된다면 양쪽 모두 좀 더 새로운 시각으로 볼 수 있을 것도 같았다.

휴식 시간이 지나자 부장님은 열정적으로 토론이 이어져서 보기 좋았다고 격려하시고는 미션과 비전이 합의에 이르지 못하더라도 논의를 계속해보자는 말씀까지 하셨다. 끝장을 보는 한이 있더라도 팀원들의 생각을 밑바닥까지 박박 긁어 내고야 말겠다는 듯······.

고객을 정의하기 위한 제2라운드 토론이 본격적으로 시작되었다. 잠시 쉬었던 탓인지 다들 말을 좀 아끼는 분위기였다. 미정이 먼저 입을 열었다. 처음에 미정은 구성원들을 고객으로 해야 한다고 주장하던 쪽이었다. 그녀가 중재안을 내었다. 둘 모두를 고객으로 정하고 각각에 대해 다음 과정을 진행하면 어떻겠냐는 의견이었다. 잠깐 부산스러운 소란이 일더니 공감하는 의견이 하나 둘 제기되었다. 이어서 미정의 의견에 대해 각자가 생각하는 장·단점들이 제시되었다. 역시 다양한 시각을 펼쳐놓으니 혼자서는 생각지 못한 데까지 살펴볼 수 있게 되어 팀원 모두의 시야가 넓어지는 듯했다. 집단학습의 효과를 다시 확인하는 순간이었다.

우여곡절 끝에 고객에 대해 합의에 이르렀고, 몇 단계를 거쳐 부서의 미션을 한 문장으로 정리하는 단계에서 또 발목이 잡혔다. 밤이 늦도록 쉽게 결론에 이르지 못하고 있었다. 단어 하나 문장 하나에 모두들 민감했다. 부장님께서 치열한 토론과 완전한 합의를 주문하셨기 때문에 팀원들은 자신이 가진 생각을 남김없이 꺼내 다른 팀원들의 의견과 나란히 진열해놓았고, 유사한 것끼리 묶어 보기도 했다. 팀원들은 문장을 만들 때 자신의 생각이 담긴 단어가 하나라도 포함되도록 하기 위해 필사적으로 애를 쓰는 듯했다. 각자의 논리와 논리가 충돌하기도 하고, 빗겨선 것들끼리 만나기도 했다. 단어들이 흩어졌다 다시 모이면서 새로운 문장이 만들어지고 해체되길 거듭했다. 몇 번씩이나 결론에 이르는 듯하다가 마지막 순간에 허물어지곤 했다. 교장선생님의 훈화와도 같이 끊임없이 '끝으로', '마지막으로'가 반복되었다.

신기하게도 오랜 시간 동안의 토론과 논쟁에도 불구하고 팀원들은 지친 기색이 하나도 없었다. 오히려 더 불타오르는 듯했다. 어디서 저런 열정이 솟아 오르는지 신기할 정도였다. 그와는 반대로 나는 지쳐 갔다. 두 가지 의견이 철도 레일처럼 끊임없이 평행선을 달리며 도무지 간극이 좁혀지지 않고, 양 쪽이 똑같은 말만 되풀이 하며 지루한 설전이 계속 될 때마다 나는 속이 부글부글 끓어오르고 가슴이 답답해 '그만!! 이렇게 하자!'고 결론을 내려주고 싶은 욕망이 턱 밑까지 차 오르는 것을 겨우 가라앉혔다. 이걸 만드는 데 꼭 이렇게까지 시간을 들일 필요가 있나 싶었다. 이런 건 퍼뜩 끝내고 술이나 마시지……

술을 마시면서 의기투합하는 시간이 더 중요하지 않을까? 구성원의 의견을 모아 합의를 이끌어 내는 것도 중요하지만 그것도 어느 정도여야 하지 않을까?

이론적으로 모두의 합의가 중요하다고 해서 처음으로 시도해보았지만 이렇게까지 시간이 걸릴 것이라고는 전혀 예상치 못했다. 또 평소의 모습을 감안해볼 때 대부분의 생각이 비슷할 것이라 기대했었는데 막상 판을 벌리고 보니 전혀 딴판이었다. 아마도 지금까지는 회의 시간에 구성원들이 부장님이나 나의 의견에 동조하는 경향이 많았기 때문에 그들의 생각이 비슷하게 보였던 것 같다. 오늘 새삼 팀원들이 각자 나름대로 독특한 생각과 가치관을 가지고 있음을 깨달았다.

결국 새벽 2시가 지나서야 부서의 미션과 비전을 겨우 마무리할 수 있었고, 나는 기진맥진했다. 말 한 마디 하지 않고 토론을 관찰한다는 것이 이렇게 괴로운 일인 줄 미처 몰랐다. 끝도 없이 계속될 것 같던 토론이 끝나고 모든 것을 마무리 지었을 때 팀원들은 흥분하고 들떠 있었다. 스스로 일구어낸 성취에 도취한 듯도 했고, 장시간의 레이스를 성공적으로 완주했다는 희열 때문인 듯도 싶었다. 사실, 부장님이나 내가 토론 중간에 개입하여 의견을 제시했더라면 시간은 절약할 수 있었을 것이다. 하지만 오늘의 시도는 이론이 현장에 녹아 드는 전 과정을 생생하게 확인할 수 있는 의미 있는 사건이었다. 이로서 우리는 스스로 증거가 되었고 하나의 확신을 가지게 되었다. 모두에게 박수를 보냈다. 이제 지친 몸을 달래고 달콤한 휴식을 즐길 일만 남았다.

조직이 새롭게 만들어지면 미션과 비전을 정하게 되는데, 통상 조직 책임자와 몇 명의 관리자가 모여 멋진 문구를 만들고 구성원과 공유한다. 그런데 이런 미션과 비전은 구성원의 가슴에 녹아 들기 어렵다. 내가 원하는 가치와 바람이 포함되어 있지 않기 때문이다. 거칠면 어떠하랴? 결과물에 각자의 생각이 한 줌이라도 묻어 있다면 그보다 더 훌륭한 작품은 없다. 작은 부분이라도 자신의 생각과 언어가 묻어 있는 미션과 비전……. 그것이 우리 모두의 것, 그리고 나의 것이라는 느낌을 주고 열정을 불러일으키는 원동력이 된다.

공동의 미션과 비전은 결과물보다는 과정이 더 중요하다. 함께 만들어 가는 과정에서 역동적인 상호작용이 있고, 이를 통해 서로의 마음을 알아가고 이해하는 것 또한 의미가 있다. 하나로 어우러지기 위해서는 자신의 모든 생각을 꺼내놓아야 한다. 팀원 모두의 생각을 나란히 늘어놓고 함께 볼 수 있어야 한다. 내 것과 네 것이 한 곳에 모이고 공유되는 전시회여야 한다. 리더는 비 온 뒤 눅눅해진 물건들을 햇빛 아래 꺼내 말리듯 개개인의 의견이 한 줌도 남기지 않고 모두 드러날 수 있도록 해야 한다. 이를 위해 지불해야 할 인내는 리더의 몫이다.

세면대를 닦고
휴지를 줍는 리더

화장실에서 우연히 부장님과 마주쳤다. 손을 씻고 화장실을 나서려는데 부장님이 손을 닦은 종이타월로 세면대를 닦고 있었다. 손을 씻고 나면 세면대 주위에 물이 튀어 호수를 이루는 경우가 있다. 여태껏 나는 그 물기를 닦으려는 생각을 한 번도 해본 적이 없었다. 청소 아주머니의 역할이라 여겼기 때문인지도 모르겠다. 그런데 부장님은 손을 닦은 종이로 물기를 훔치고 있었다. 사실 물기를 닦는 데는 단 5초면 된다. 부끄러웠다.

부장님과 나는 화장실을 나와 복도를 나란히 걸었다. 그런데 우리 앞에 작은 휴지조각 하나가 떨어져 있는 것이 눈에 들어왔다. 짧은 순간 동안 내 머리 속에서 '저걸 주울까? 말까?' 두 가지 상반되는 생각이 몇 번이나 엎치락뒤치락하고 있었다. 그러는 동안 우리는 휴지 앞에 다다랐다. 그 순간에도 나는 망설이고 있었다. 한 발짝만 지나면 휴지를 지나치게 될 상황이었다. 그런데 아뿔싸……! 허리를 굽히시는 부장님. 얼굴이 화끈거렸다. 시선을 어디에 두어야 할지 몰랐다.

모범을 보인다는 것, 그것만큼 더 큰 감동과 교훈을 주는 것도 드물다. '질서를 지켜라.', 정리정돈하라.'고 백 번 말하는 것보다 리더가 한 번 모범을 보일 때 구성원들은 따른다. '이래라! 저래라!'라고 지시하면서 정작 자신은 실천하지 않는 리더는 구성원들의 신뢰를 얻을 수 없을 것이다. 구성원들로부터 신뢰를 얻지 못하는 리더, 앙꼬 없는 찐빵?

마음으로 영향을 미친다는 것에 대해 온 몸으로 느낀 하루였다.

여름, 불타는 의욕과 갈등

맹렬히 열기를 더하고 있는 계절,
리더로서의 자각은 주변과의 끊임없는 부딪침 속에 굳어져간다.
팀원들과의 치열한 소통으로 리더십은 맹렬하게 달구어진다.

좋은 리더의 자격

일요일, 아침에 늘어지게 자는 잠은 달다. 밤이 지나는 동안 내 몸 구석구석 덕지덕지 붙어 있던 피로의 찌꺼기가 말끔히 빠져나간 정갈한 몸 위로 맑은 바람 한 줄기가 훑고 지나간다. 한낮의 마른 햇빛에 잘 건조된 이불의 보드라운 촉감과 향긋한 냄새가 좋다. 행복감에 젖어본다. 굳이 일찍 일어나 바삐 움직일 필요가 없는 휴일 아침의 나른한 게으름을 마음껏 즐겨본다.

일어나고 싶은 마음이 들 때까지 침대에서 몸을 뒤척이다 그것도 지겨워질 때 일어나서 세수를 하고 아침을 먹는다. 씹을 때마다 터지는 팽팽한 밥알의 육질을 마지막 한 알까지 느껴본다. 평일 새벽 또 하루를 살기 위해 의무감처럼 쑤셔 넣는 몇 숟갈의 밥과는 질적으로 다르다. 밥도 천천히 오래 씹으면 단맛이 난다는 사실을 새삼 깨닫는다.

가벼운 흰 티셔츠와 얇은 반바지 하나를 걸치고 산보라도 할 요량으로 집을 나선다. 지난 봄 여리디 여린 연두 빛으로 아파트 울타리를 따라 길게 누워 있던 야트막한 산등성이는 짙은 녹색으로 빛깔을 바꾸어 혈기왕성한 30대의 탄탄한 몸을 연상케 한다. 아기 피부 같이 보드랍고 연약해 보이던 나뭇잎은 억센 근육다발처럼 질겨졌다. 여름 아침 숲을 뚫고 들어온 빛은 아직 선하다. 숲의 청량감과 아침햇살의 가벼움이 내 몸을 고양시키고 산책은 바람과 더불어 상쾌하다.

살아가면서 정말로 하기 어려운 일은 무엇일까? 어제 지성이가 메일로 보내준 유머가 생각났다. '담배 연속으로 10개피 피우기, 담뱃재 한 번도 안 털고 담배 다 피우기, 밥 안 먹고 3일 버티기, 엄마 말씀 잘 듣기, 게임 CD 정품으로 구입하기, 다이어트, 국회의원 존경하기, 리모컨 없이 TV 채널 바꾸기, 영단어 1분마다 하나씩 외우기, 노래방 가서 노래 안 하기, …… (중략) …… 직장 상사 존경하기.' 웃음이 났다. 국회의원 존경하기도 쉽지 않지만, 직장 상사를 존경한다는 것도 그리 쉬운 일은 아닌 듯 싶었다. 팀원끼리 모이면 늘 공공의 적이 되고 단골 술 안줏감이 되는 사람이 직장 상사다. 국회의원은 개그맨들의 유머 소재가 되어 웃음이라도 주지만 직장 상사는 피할 수 없는 매일의 생활이다. 상사는 사소한 행동 하나까지도 후배들에게 직접적인 영향을 미친다.

좋은 리더가 된다는 것에 대해 생각해보았다. 원하든 원하지 않든 세상 모든 사람들은 리더의 역할을 하며 살아간다. 학교에서, 동호회에서, 직장에서 그리고 가정에서 다른 사람의 삶에 영향을 미친다는 점에서 모든 사람은 리더이다. 리더의 역할을 '하기'는 쉽다. '잘 하기'가 어려울 뿐. 무엇이든 잘 할 수 있으려면 알아야 한다. 사랑을 잘 하려면 사랑하는 방법을 알아야 한다. 꽃을 사랑한다면 꽃에 물을 주는 주기와 한 번에 주어야 하는 양, 비료를 주는 방법과 햇빛 쬐는 시간 등 꽃을 가꾸는 데 필요한 지식을 갖추고 실천해야 한다.

동물 나라에서 사자와 소가 서로 눈이 맞아 사랑을 하게 되었다. 둘은 날마다 행복했다. 얼마 지나지 않아 그들은 결혼을 하게 되었고 사랑하는 만큼 서로에게 최선을 다했다. 사자는 소를 위해 온 힘을 다해 맛있는 고기를 사냥해주었다. 소는 괴로웠지만 참았다. 소도 사자를 위해 날마다 향기로운 풀을 뜯어 식탁에 올렸다. 사자도 싫었지만 참았다. 둘은 서로에게 나름대로 최선을 다한다고 믿었다. 그들은 불편했지만 내색하는 대신 서로를 사랑하는 마음으로 그 불편을 감수했다. 그러나 결국 그들의 사랑은 오래가지 못했다. 참는 데는 한계가 있었다. 소와 사자는 결국 헤어졌다. 헤어지고 나서 서로에게 남긴 말. '나는 최선을 다했어.'

조직에서 처음으로 리더의 위치에 오른 사람이 가장 많이 범하는 실수 중 하나가 리더가 됨과 동시에 실무로부터 한 발 뒤로 물러서면서 실무자로서 가지고 있던 책임까지 벗어도 된다는 생각이다.

정말 제대로 된 착각이다. 리더는 오히려 더 많이 고민하고 모든 일에 책임을 져야 한다. 실무를 하지 않는 게 아니라 자신이 이끄는 구성원들의 업무를 모두 다 소화해야 하는 자리다. 자신의 책임 하에 스스로 조직의 업무를 정의하고 방향을 설정한 다음 구성원들을 통해 실현하기 때문에 조직에서 일어나는 모든 일이 리더의 일인 셈이다. 특히 중간관리자는 더욱 그러하다. 지금까지는 자신이 맡은 일만 잘 해내면 그만이었지만, 이제부터는 책임져야 할 일의 범위가 팀원 수만큼 확장된다. 따라서 리더는 팀원들보다 더 많이 고민하고, 더 많이 공부해야 한다. 그래야 후배들이 믿고 따른다.

실제로 많은 임원, 팀장들은 구성원들이 출근하기 전 새벽에 사무실에 나오고 밤늦게 퇴근할 뿐 아니라 주말이나 휴일에 출근한다. 중요한 사안에 대해 방해 받지 않고 깊이 고민할 시간을 갖기 위해서다. 리더가 물론 더 많은 정보와 지식, 업무 경험을 가지고 있기는 하지만 그것만으로는 수많은 사안을 의사결정하기 어려울 때가 많다. 깊은 고민 없이 후배의 일을 '이래라 저래라' 할 수 없다. 더군다나 자신이 경험해보지 못한 분야에 대해서는 깊이 있는 학습과 모색 없이 후배를 이끌어나갈 수 없다. 결국 '네가 담당자이니 좀 더 깊이 고민해봐라. 나도 고민해볼 테니……'라는 궁색한 변명을 늘어놓는 수밖에……

숲에 맑은 솔바람이 간간이 머리칼을 스친다. 저 멀리 열기를 머금은 하늘이 열리고 있다. 운동용 반바지와 티셔츠를 입은 청년 두 명이 땀을 흘리며 나를 스쳐 달려간다. 그들이 남긴 열기와 건강한 육체의 냄새가 주위에 흩날린다. 적당히 살 오른 그들의 어깨와 매끈한 다리 근육 위로 햇빛이 튕겨 빛난다.

여름이다. 이제 곧 숲도 달구어질 것이다. 맹렬히 열기를 더하고 있는 계절과 함께 나의 리더십 훈련도 달구어질 것이다.

팀원의 말을
일단 듣고 판단하라

"야, 그건 아니지."

"이게 뭐야. 아, 정말~."

전 부장은 자료를 보자마자 마땅치 않은 듯 쏘아댔다. 팀원들은 가느다란 한숨과 함께 바람 빠진 풍선처럼 쪼그라들었다. 보고를 하던 김 과장은 순간 손가락에 마비가 온 듯 볼펜을 떨어뜨렸다. 팀원들이 하루 종일 아이디어를 짜내고 치열한 토론을 거쳐 만들어 낸 노력이 한 순간에 무너졌다. 입사동기인 김 과장과 팀장교육 과정에 대한 이야기를 나누기 위해 옆 부서에 들렀다가 안 보아도 될 장면을 목격하고 말았다. 김 과장은 내게 손짓을 하며 밖으로 나가자는 신호를 했다.

직장 내에서 흔히 볼 수 있는 장면이기도 하다. 팀원들이 만들어놓은 보고서나 자료를 대략 훑어 보고는 자신의 생각과 기대를 충족시키지 못한다고 판단되면 다짜고짜 질책부터 한다. 구성원들은 일할 맛이 떨어진다. 팀원들이 어떤 관점에서 자료를 만들었는지 설명할 기회조차 주지 않는다. 그들은 자료를 잠깐 살펴보는 것 만으로도 전체 내용을 다 짐작할 수 있다고 여기기 때문에 팀원의 설명은 들어볼 필요조차 없다고 생각하는 듯하다.

얼마 전에 읽었던 유머 하나가 생각났다.

춘복과 영식이 시골에서 농사를 짓고 있었다. 어느 날 춘복이 친구 영식에게 달려와 소리치듯 물었다.

"이봐, 지난번에 소가 복통 났을 때 뭘 먹였나?"

영식이 대답했다.

"그때? 밀가루와 당밀을 먹였는데, 왜?"

그 말을 들은 춘복은 대답도 하지 않고 곧장 집으로 달려갔다. 그리고 거품을 물고 쓰러져 있는 소에게 밀가루와 당밀을 먹였다. 그런데 사흘도 지나지 않아 소가 죽고 말았다. 화가 난 춘복이 영식을 찾아가 따졌다.

"자네 말대로 밀가루와 당밀을 먹였는데 소가 죽었어. 대체 어떻게 된 일인가?"

그러자 영식은 이렇게 말했다.

“그래? 사실은 내 소도 그때 죽었어.”

춘복이 영식의 말을 끝까지 들었더라면 소를 살릴 수도 있었을 것이다. 상대방의 말을 제대로 듣지 않아 생긴 비극이다.

나도 성격이 다소 급한 편이다. 어제 미정이 내민 보고서 첫 페이지를 보자마자,

“이거 이렇게 해서는 안 될 건데……. 그리고 이건 또 뭐야? 이건 좀 이상하지 않아?”

그리고는 다음 장으로 넘겨버렸다. 두 번째 장도 마음에 들지 않기는 마찬가지였다. 논리도 엉성하고 전체적인 보고서의 윤곽도 허술한 것이 한 눈에 들어왔다. 미정이가 미처 설명할 틈도 없이 바로 내 생각을 쏟아냈다. 내 말을 듣고 있던 미정의 눈은 보고서에 고정되어 있었고 몸은 바위처럼 굳어 있었다. 당혹스럽다는 표정이었다. 마침내 그녀가 입을 열었다.

“팀장님, 제 의견은 들어보지도 않으시고 그렇게 말씀하시면 저는 뭐가 되요? 정말 저는 아무 생각도 없는 사람처럼 되어 버렸잖아요. 저도 나름 고민을 많이 해서 만든 건데…….”

순간 나는 얼어버렸다. ‘아차……!’ 미정이 어떤 의도로 이 보고서를 구성했는지, 어떤 논리적 흐름을 생각했는지 들어봤어야 했다. 그녀도 보고서를 만들기 위해 나름대로 많은 고민을 했을 텐데 그 과정은 완

전히 무시해 버렸다. 미정에게 사과를 했으나 이미 그녀의 감정은 상할 대로 상한 뒤였다. 아, 이런 조급한 성격이여⋯⋯. 단 몇 초만 기다려 주었더라면 좋았을 것을⋯⋯. 목이 타 올랐다. 내 생각과 배치되거나 딴 방향으로 의견을 말하더라도 일단은 한 템포 쉬고 들어주어야 하는데, 성급하게 판단을 하고는 그녀에게 말할 기회조차 주지 않았다. 그녀의 의도와 생각을 충분히 들어본 다음 판단해도 늦지 않았을 것이다. 길어야 3~4분이면 충분했을 텐데, 그녀의 오후를 망쳐버렸다.

조지 하트먼George W. Hartmann은 특정 정치후보자가 사용한 호소 방법에 따라 피험자의 지지도를 어느 정도 유도할 수 있는지 측정하는 실험을 했다. 그는 사람들이 주로 논리적 메시지보다는 감정적 메시지를 사용하는 후보자의 호소에 더 많이 투표한다는 사실을 증명했다.

"내 생각이 맞잖아, 그러니 그렇게 해."

일방적인 지시가 우선은 받아들여질 것이라 생각하지만, 구성원에게 감정적으로 받아들여지지 않으면 전달된 것이 아니다. 자신의 의견이 무시당하면 자아가 짓밟혔다고 여기기 때문이다. 따라서 상대의 의견에 감성적인 공감이 먼저다.

"수고했다."

"네 의견도 충분히 가치가 있다."

상대방을 인정하며 감성적인 연결고리를 먼저 만들어야 소통이 흘

러 들어갈 여지가 생긴다. 한 템포 여유를 가지고 팀원의 의견을 들어
주는 것이 먼저다.

굳이
회식이 필요할까?

저녁에 팀원들과 함께 회사 근처 해산물 뷔페에서 회식을 했다. 저마다 취향에 맞는 요리와 야채 샐러드가 고기와 찌개를 대신하고, 탄산음료와 생맥주 한 잔이 소주를 대신했다. 조금 색다른 회식이었다. 팀원들은 맛나는 음식과 음료를 접시에 담아 날랐고 테이블마다 유쾌한 웃음이 끊이지 않았다. 한동안 왁자지껄한 분위기가 이어진 뒤 잠시 자리를 정리하고는 부장님의 한 말씀, 그리고 건배 제의 한 번. 그 뿐이었다. 더러는 음식을 가지러 들락날락했고, 이야기 나누고 싶은 동료가 있으면 그 테이블로 자리를 옮겨 함께 떠들었다. 기존의 방식과 좀 다른 모습에 일면 어색한 면도 없지 않았지만 이렇게 하는 것도 나름의 맛이 있었다.

회식 자리조차 상사 한 사람을 중심으로 모든 것이 운영되던 시절이 있었다. 상사가 근엄한 자세로 테이블 중앙에 자리를 잡고 있으면 팀원들은 조용했다. 식당 종업원들이 음식 나르는 소리만 정적을 깰 뿐 누구 하나 말을 꺼내지 않았다. 식사를 하는 동안 상사의 설교와 사원 시절의 무용담이 한 시간쯤 진행된다. 숨이 막혔다.

예전에 내가 모시던 상사 한 분은 '회사 돈으로 밥 먹을 때는 회사(일) 이야기를 해야 한다.'며 현재 진행되고 있는 일이나 앞으로의 일에 관한 논의를 했다. 회식을 마치고 나면 밥이 어디로 들어갔는지도 몰랐고 급체한 듯 가슴이 답답했다.

회식 날짜를 정하는 것도 퇴근 무렵 상사가 느닷없이 '오늘 저녁 식사나 같이 할까?' 하는 식이었다. 사전에 계획된 자리도 있긴 했지만, 갑작스런 경우가 많았고 개인적인 약속이 있어도 회식 자리에 빠진다는 건 상상조차 하지 못했다. 속으로 분개하면서도 약속을 연기하거나 취소하고 회식 자리에 참석했었다.

요즘에 팀장이 '오늘 저녁 식사 어때?'라고 했을 때 약속이 있는데도 불구하고 흔쾌히 좋다고 하는 팀원은 거의 없다. 개인적인 일이 있으면 당당하게 이야기한다. 또 요일을 결정할 때 금요일은 가능한 피한다. 주5일 근무가 정착되고부터 금요일 저녁은 사적인 시간이라는 인식이 강해 회사의 일로 침범 받고 싶어하지 않는 듯하다.

함께 먹는다는 것은 원시시대 때부터 인류의 유전자를 통해 전해

내려온 집단 공동체적 삶의 한 형태다. 생존을 위한 주술적 행위가 집단무의식으로 전승된 행위 즉, 원시 공동체가 집단 사냥을 마치고 나서 승리를 자축하기 위해 먹잇감의 피를 나누며 집단결속을 다지는 행위다. 시간이 지남에 따라 피는 포도주로 바뀌고, 오늘에 와서는 술이 그 자리를 대신하지만 붉은 피가 집단에게 주는 광적인 흥분과 열정, 일체감의 의미는 변함이 없어 보인다. 따라서 회식은 우리의 피 속에, 결속해야만 생존할 수 있다는 원시적 본능이 여전히 살아있음을 보여주는 증거다. 집단에서 소외된다는 것은 생존을 위협받을 수도 있음을 의미한다. 그래서 우리는 여전히 같이 먹고 마시는 행위를 나눔으로써 결속을 공고히 하고 집단의 일원임을 확고히 하려 애를 쓰는 것 같다.

그런데 팀의 화합과 결속을 위해 회식보다 더 중요한 것이 있다. '일'을 하는 과정, 즉 일상에서 팀워크가 실천되어야 한다. 일을 하는 동안에 지나치게 경쟁을 조장하거나 갈등을 방조하면서 회식으로 팀원간의 친밀감을 꾀하려 할 때 구성원들은 어떤 마음일까? 갈등이 있는 팀원끼리 얼굴을 마주하는 회식자리가 과연 유쾌한 이벤트로 이어질 수 있을까? 마음이 불편한 사람과 함께 하는 1분은 열흘처럼 느껴질 것이고, 좋은 음식도 마른 모래를 삼키는 듯 힘겨울 것이다.

결국 팀워크를 다지는 근본은 '일상'에서 '일'이 이루어지는 과정을 보살피는 것이다. 조직에서 구성원들은 일로 서로 엮여 있고 일을 통해 관계를 맺어가기 때문에 그 '일'이 원활히 흐르도록 관리하는 것이 최우선이다.

팀원은
리더의 거울이다

며칠째 병국의 태도가 평소와 달랐다. 쉬는 날에도 수시로 문자를 보내는 등 연락을 하던 친구가 요 며칠 동안은 일절 접촉이 없다. 연수원에 교육 진행을 가 있는 동안에도 교육이 어떻게 진행되고 있는지 소식이 없다. 보고해야 할 만한 긴급한 상황이 없어서 그럴 수도 있겠지만, 얼마 전까지만 해도 별 일이 없더라도 종종 전화를 하거나 문자 메시지를 보내 진행 상황을 알려주곤 하던 그였다. 그는 교육 과정이 종료됨과 동시에 결과 보고를 해주었고 재미있었던 에피소드를 유쾌하게 떠들어대곤 했었다. 그랬던 그가 아무런 연락이 없다.

생각해보니 최근 그의 말투에 불만과 짜증이 많이 묻어 있었던 것 같다. 팀원 모두가 모인 회의 자리에서도 한 마디 말도 없이 무표정하게 앉아 있거나 자료만 응시하고 있었다. 가끔 꼭 해야 할 말이 있을 때는 날카롭게 쏘아대듯 했다. 팀의 일이라면 누구보다 먼저 나서던 놈이 공동으로 해야 하는 일에는 뒤로 빠졌다. 내게 무엇인가 불만이 꽉 차 있는 듯 보였다. 속이 상했다. '쟤가 왜 저런 행동을 할까?' '혹시, 내가 병국에게 뭔가 서운하게 한 적이 있었나?' 시간을 거슬러 최근에 그와의 일들을 더듬어 보았다. 마땅히 집히는 게 없었다.

오전 내내 별별 생각이 다 들었고 일이 손에 잡히지 않았다. 바깥 바람이라도 좀 쐬면 나을까 싶어 잘 마시지도 않는 커피를 들고 옥상으로 올라갔다. 더운 커피를 한 모금 삼켰다. 커피 향은 좋은데 설탕 농축액의 단맛이 매웠다. 사무실 건물 앞 네 거리에서 자동차들이 청색 신호에 맞추어 강물처럼 흐르고 있다. 붉은 신호에 흐르던 차들이 멈추고 반대 방향에서 차들이 쏟아져 나온다. 너무도 자연스러운 흐름과 멈춤의 반복이다. 자동차의 흐름을 한동안 물끄러미 바라보다 무의식적으로 식어버린 커피를 한 모금 입에 넣었다. 식어버린 커피는 사카린을 탄 듯 맹렬한 단맛과 쓴맛을 한꺼번에 찔러낸다. 삼키지 못하고 도로 뱉었다.

며칠 전에 함께 차를 타고 연수원으로 이동하다가 그와 형진을 비교하며 분발하라고 했던 말이 상처가 된 것일까? 나는 병국을 누구보다도 좋아했고 아끼고 있었기 때문에 그가 잘 되기를 바랬다. 그래서 조직에서 지나치게 순수하기보다 조금은 약을 필요도 있고, 성과를 드러내는 것도 때로는 필요하다는 말을 해주기 위해 형진과 그를 비교했던 것인데……. 만약 정말 그것 때문이라면……? 아닐 것이다.

오후가 되자 연수원에서 교육 과정 진행을 끝낸 병국이 사무실로 들어왔다. 나를 보고도 인사도 없이 자리에 앉는 그를 본 순간 얼굴이 달아올랐다. 속이 상했다. 그를 쳐다보는 것조차 힘이 들었다. 내가 무엇을 얼마나 서운하게 했으면 저런 행동을 할까? 그런 생각과 동시에 일종의 배신감이 들어 괘씸하기도 했다. 정말 믿고 있고 좋아하는 놈이 내게 그런 행동을 보인다는 사실을 참을 수 없었다. 내게 서운한 게 있거나 불만이 있으면 차라리 말을 하지 무언의 시위를 하는 그가 미워 보이기도 했다.

오후 내내 온 신경이 병국에게 쏠려 있었다. 그의 태도와 행동에 대한 서운함과 또 한편으로는 그에게 상처를 주었을지도 모른다는 자책 섞인 혼란스런 시간은 국방부 시계마냥 더디게 흘렀다. 퇴근 시간이 얼른 와주기만을 바랐다.

나는 불편한 상황을 오래 견디지 못하는 성격이어서 먼저 그를 불러 저녁식사를 함께 하자고 했다. 사무실 주변에 있는 음식점으로 가는 동안 우리 사이에는 아무런 말도 없었다. 가벼운 밑반찬 몇 가지와 술잔을 마주하고 앉았다. 병국이와 나는 말 없이 소주를 세 잔씩 비웠다.

"야, 병국! 너, 나 때문에 서운한 거 있지? 있으면 말해줘. 미안하지만, 나는 솔직히 네가 왜 이러는지 잘 모르겠다."

병국은 잠시 술잔을 만지작거리더니 한 잔을 말끔히 털어넣었다.

"제가요, 팀장님을 좋아하는데 요즘은 좀 싫었어요. 팀장님이 어떤 말을 해도 곱게 들리지 않고 밉게만 들리더라고요."

나는 그의 술잔을 채워주었고 그는 말을 이었다.

"처음 시작은 두 주 전에 일요일 출근을 하고 피곤해 죽겠는데 팀장님이 우겨서 우리 모두를 데리고 술 마시러 갔을 때였어요. 저도 그렇고 다른 애들도 피곤해서 일찍 쉬었으면 했는데 결국 팀장님 뜻대로 저녁 늦게까지 술을 마셨죠. 너무 우리를 배려해주지 않는다는 생각이 들었어요. 그런데 그런 일로 팀장님께 서운하다는 말을 한다는 게 너무 속 좁게 느껴져서 그냥 넘겼죠. 이런 일로 서운함을 표현하는 것이 자존심이 상하기도 하고요."

나는 그 날의 일이 떠올랐다. 일이 좀 많이 밀려서 휴일에 하루 정도 다 같이 해치우면 좋겠다는 생각에 모두에게 출근을 하자고 했다. 그런데 생각보다 일이 좀 늦게 끝나 늦은 저녁을 먹었고, 휴일에 쉬지도 못하게 한 것이 마음에 걸려 맥주라도 같이 하면서 위로해주어야겠다는 생각이 들어 한 잔 더 하자고 권했었다. 처음에는 다들 피곤하니 그냥 들어가 쉬자고 하더니 내가 한 번 더 이야기하자 호응하는 분위기였다. 이런 내 마음을 몰라주고 오히려 나를 '후배를 배려하지

'않는' 사람으로 간주하고 서운함을 표하다니……. 억울했다. 그는 계속 말을 이었다.

"그 다음날 팀장님이 제가 작성한 보고서에 잘못된 게 많다며 지적하셨죠, 그런데 전날 피로가 가시지 않았는지 무척이나 언짢게 들리더라고요. 그런 제게 '긴장 좀 하라.'며 팀원들이 다 있는 자리에서 한 말씀 하셨잖아요? 그 때부터 팀장님이 무슨 말을 해도 귀에 거슬리고 저를 나무라는 말로만 들렸어요. 그런 것들은 또 너무 사소한 일이어서 팀장님께 말씀 드리는 것 자체가 쪽팔리잖아요. 그런데 그런 작은 것들이 계속 쌓이다 보니 눈 덩이처럼 감정이 증폭된 거죠."

그 날의 사건도 기억났다. 나는 눈꺼풀이 처져 있는 병국에게 여느 때처럼 장난치듯 '야, 긴장 좀 하자~.'고 한 것인데 그는 내 의도와 다르게 받아들였나 보다. 그는 내가 무척이나 좋아하는 놈인데 그와 멀어지고 싶지 않았다. 나는 병국에게 해명을 하며 미안하다는 말을 몇 번씩 했다.

오해가 오해를 부르고 사소한 것이 구르고 굴러 진심을 집어 삼켜 버렸다. 관계에 있어 큰 사건이 문제가 되는 경우는 드물다. 큰 사건은 나에게나 당사자에게 충격이기 때문에 어떻게든 단시간 내에 해결하려 한다. 그런데 사소한 것들은 드러내기가 쉽지 않다. 드러내는 순간 속 좁은 인간으로 비춰진다는 생각이 들어 마음속에 쌓아 두고 곰

삭이는 경우가 많다. 이렇게 쌓인 그 사소한 것들이 악취를 풍기며 곪아가다가 결국 터져 나오는 날에는 회복 불가능한 상태가 되기 십상이다. 정작 문제가 되는 것은 큰 것이 아니라 사소한 것이다. 그러므로 자칫 하찮게 여길 수 있는 것들을 털어버릴 수 있어야 건강한 관계를 유지할 수 있다. 서운한 게 있었다면 농담하듯 가볍게라도 말해주었더라면 좋았겠다는 생각도 들었다. 그러나 그 또한 내 바람일 뿐, 후배들은 내 맘 같지 않을 것이다. 리더와 구성원 사이에는 보이지 않는 계단이 있을 터……. 그 계단을 오르기는 쉽지 않을 것이다. 내가 한 걸음 내려서는 수밖에…….

팀원은 리더의 거울이다. 팀원의 행동을 보면 그 리더가 어떤 리더십을 보여주고 있는지 알 수 있다. 따라서 팀원들에게 부정적인 징후가 보인다면 그를 나무라기 전에 나를 돌아보아야 한다. 팀원이 선배 혹은 상사에게 서운함이 있어도 직접 이야기하기란 쉽지 않다. 많은 리더들이 후배들에게 불만이 있으면 솔직하게 말하라고 한다. 얼마든지 들어줄 준비가 되어 있다고 한다. 그런데 정작 가슴을 열고 말할 수 있는 분위기를 만들어주는 리더는 많지 않은 것 같다. 이런 리더들은 '이야기하라고 해도 못한다.'고 후배를 또 몰아친다. 마음 편하게 이야기하라고 하면서 팀원을 주눅들게 하는 건 아닌지 돌아볼 일이다.

눈을 바라보기만 해도
절반 먹고 들어간다

미정이가 어학교육 비용 정산을 하다가 애매한 부분이 있었던지 내 의견을 물어보았다. 마침 나는 (내 입장에서) 중요한 메일을 읽고 있던 중이어서 계속 모니터를 바라보고 있었다. 미정이 묻는 말에 대답을 하면서 나는 계속 마우스를 클릭하고 있었다. 궁금증이 다 풀렸는지 미정은 자리로 돌아갔다. 답변은 다 해줬는데 왠지 기분은 개운치 않았다. 그러나 그것도 잠시뿐 나는 곧 다시 화면에 몰두하고 있었다.

오후에는 교육 과정 개발을 위해 구입해 둔 책을 펼쳤다. 상사와 부하간에 소통이 잘 흐르도록 하는 방법과 관련된 책이었다. 책을 펼친 순간 깜짝 놀랐다. 내가 아침에 미정이에게 했던 바로 그 장면이 담겨 있지 않은가? 저자는 경청의 중요성을 강조하면서 가장 낮은 단계의 듣기를 '배우자 경청'이라 명명하고 있었다. 배우자 경청은 아내가 말할 때 남편이 신문을 보거나 텔레비전을 보면서 건성으로 대꾸하는 것과 같은 무성의한 경청을 의미한다. 심지어 '아, 좀 조용히 해봐!', '이따가 말해.'라며 상대의 말을 가로막기까지 한다. 드라마에서 보았던 장면을 떠올리며 코웃음이 나면서도 가장 낮은 수준의 경청을 배우자 간의 대화에서 따왔다는 것에 약간 씁쓸했다. 이 단계의 듣기 수준을 가진 사람은 말하는 사람을 쳐다보지 않는다. 목소리와 목소리가 허공에서 왔다 갔다 할 뿐 감정의 흐름은 없다. 오늘 아침 나의 듣기가 바로 경청의 다섯 단계 중 가장 낮은 수준인 '배우자 경청'이었다는 생각이 들자 얼굴이 달아올랐다.

후배가 이야기할 때 얼굴을 바라보기만 해도 훨씬 나았을 것이다. 고개를 돌려 눈을 마주본다는 게 그리 어려운 일도 아닌데……. 때 늦은 후회가 들었다. 처음도 아니었다. 어떤 때는 '말하는 후배 쪽으로 몸을 돌려야지.' 머리 속으로 되뇌면서도 여전히 화면을 응시하고 있는 나를 발견하기도 했다. 마치 꿈속에서 다급한 상황에 처했을 때 '꿈에서 깨어나야지!' 라고 말하는 나를 생생하게 인식하면서도 실제로 깨어나지 못하는 그런 때 말이다. 습관은 정말 무섭다. 팀원 시절에 상사의 그런 행동을 보면서 '얼굴을 쳐다보는 것이 뭐 그리 어렵다고……' 하던 내가 바로 그 행동을 똑같이 하고 있었다. 팀원이 자리로 돌아가고 나면 곧 후회를 하면서도 다음에 또 반복하게 된다.

가장 쉬워 보이는 것이 가장 실천하기 어렵다는 격언이 바로 이런 때를 두고 하는 말인가 보다. 사소한 것일수록 간과하기 쉽고 또 그렇기 때문에 기회가 있을 때마다 강조하는 게 아닐까? 몸을 돌리기만 하면 게임은 끝인데……. 그리고는 당장 처리해야 하는 시급한 건인지 확인하고, 만약 그렇지 않다면 '잠깐만 기다려 줄래? 내가 급한 일을 하나 처리하고 이야기해도 될까?'라고만 말했더라면 얼마나 좋았을까?

그런데 조금 다른 경우이기는 하지만 가끔 후배들이 야속할 때도 있다. 팀원들은 상사들이 그들의 질문에 대응할 만반의 준비태세를 갖추고 있어야 한다고 생각하는 듯하다. 리더는 '5분 대기조'처럼 후배가 일을 하는 과정에서 의문이 들거나 막힘이 있을 때 호출버튼을 누르면 언제든 달려와 문제를 해결해주기를 기대한다고나 할까? 그렇지만 리더들도 자신의 일에 집중할 시간이 필요하고, 실제 몰입해서 일을 해야 한다. 한참 몰입하여 일을 하고 있는데 느닷없이 불쑥 끼어들면 일순간에 집중이 흐트러진다. 퍼즐을 맞추듯 흩어진 조각들을 하나씩 맞추면서 다시 집중을 시도한다. 한 5분쯤 지났을까? 이제 막 조금 전에 멈추었던 부분에 도달해서 다음 단계로 넘어가려는 순간 또 후배 한 명이 '팀장님!' 하며 적막을 깨운다. 단단히 조여 있던 긴장감이 또 허물어져 버린다. 다시 처음부터 시작해야 한다. 사람에 따라 차이가 있기는 하지만 깊이 있게 몰입하려면 시간이 필요하다. 게다가 한 번 산만해진 집중을 다시 모으고 분위기를 다잡는 데는 시간이 더 필요하다. 그래서 어떤 리더들은 집중해서 일할 필요가 있을 때 자리에서 조용히 사라져 자신만의 장소로 들어가기도 한다. 리더도 자신만의 시간이 필요하다. 후배들도 알아주고 인정해주었으면 좋겠다.

팀원이 나를 찾아와 논의나 대화를 원할 때 경청하는 것은 당연하다.

나는 당장 실천하리라 다짐하며 노트에 적었다. '일을 하다가도 팀원이 부르거나 찾아오면 일단 몸을 돌려 얼굴을 바라본다. 그런 다음 내가 몰입해서 긴급하게 일을 처리해야 할 경우라면, 양해를 구한다. 그리고 대화할 시간을 정한다.'

"사실 안 바쁜 사람이
어디 있습니까?"

"도대체 걔는 뭔데 그렇게 고고합니까? 우리는 할 일이 없어서 빗자루 들고 걸레 들고 합니까?"

병국의 과장된 목소리가 소란스러운 실내를 선명하게 갈랐다.

"정말 그래요. 늘 박 대리는 열외인 것 같이 행동해요."

정훈이 병국의 말을 받았다.

"우리 모두가 창고 정리하느라 바쁘게 움직이는데 혼자 모니터를 보며 일을 하고 있다니, 이게 말이 됩니까? 이번 만이 아니잖아요. 더구나 오늘은 팀장님들까지 나와서 책이며 물품을 정리하느라 분주했었는데 혼자만 뭐가 그리 바쁜지……."

병국이 들고 있던 맥주 잔을 단숨에 비우더니 박 대리에 대한 불만과 서운한 감정을 거침없이 털어놓았다.

"그래, 그래 맞아. 걘 늘 그런 식이야."

여기 저기에서 볼멘소리들이 터져 나왔다. 모두가 형진을 향해 화살을 겨누고 있었다. 형진에게 쌓아두었던 불편한 감정을 연쇄 반응을 일으키듯 일제히 터뜨리고 있었다. 팀원들끼리 가볍게 맥주 한 잔 하자고 모인 자리가 형진에 대한 성토장聲討場이 되어버렸다.

오늘 오후에 도서실을 이전했다. 교재들이며 도서와 자료가 정리되지 않은 채 여기저기 뒤섞여 있어 찾기도 쉽지 않았고 공간도 협소해, 조금 넓은 곳으로 옮기기로 했다. 기왕에 대대적인 작업을 감행하기로 결정한 만큼 한동안 돌보지 않던 교보재 창고도 정리하기로 했다. 아침 회의 때 나는 급한 일을 처리해야 할 인원만 사무실에 남아 있고 가능한 모든 인원이 참여하라고 이야기를 해두었다.

오후 세 시부터 인원을 절반으로 나누어 도서실과 창고로 향했다. 그런데 형진은 사무실에 혼자 앉아 골똘한 표정으로 모니터에 시선을 고정시키고 있었다. 병국과 정훈 등 몇몇이 형진을 보고는 표정이 일그러졌다.

"야, 야, 빨리 일하러 가자."

병국이 정훈을 데리고 황급히 사무실 밖으로 나갔다. 우리는 두 시간 정도 분주히 움직이고 난 뒤 반듯하게 정리된 도서실과 창고를 보며 뿌듯했다. 군대 점호시간 전에 말끔히 정리된 관물대처럼 책들과 물품들이 오와 열을 맞추어 정렬되어 있었다. 책 한 권이라도 꺼내 보기가 미안할 정도로 반듯했다. 서로에게 박수를 보내고 함께 저녁식사를 하러 갔다.

우리는 오늘의 치열했던 전투(?) 중에 겪었던 무용담과 에피소드를 떠들어대며 흥겨워했다. 그런데 누구 하나 형진과 살갑게 대화를 하는 팀원이 없었다. 형진은 대각선에 앉아 있던 나와 몇 마디 나눈 것을 빼고는 식사가 끝날 때까지 대화에 참여하지 못했다. 좀 더 정확히 이야기 하면 팀원들이 그를 대화에 끼워주지 않았다.

"팀장님, 사실 안 바쁜 사람이 어디 있습니까?"

병국이 약간 취기 섞인 소리로 물었다.

"박 대리 말이야, 강의장 정리할 때, 빔 프로젝트 설치할 때 한 번이라도 도와준 적 있어?"

그는 옆에 있는 정훈에게 확인하듯 또 물었다.

"술자리에서 우리랑 어울리지 않는 건, 사람 스타일이니까 이해한다 이거야. 형진이가 입사는 늦어도 연차가 높으니까 우리들이 알아서 선배 대접도 해주었잖아? 그러면 더 잘해야 하는 거 아냐? 팀 공통의 일에는 뭐든지 열외야. 부장님하고 팀장님이 개가 일 좀 잘한다고 예뻐하니까 그런 거 아닙니까?"

"내가 언제 걔를 예뻐했다고 그래? 내가 형진한테 그러지 말라고 따끔하게 이야기할게, 자 술 마시자!"

팀원들은 밤 늦게까지 그동안 형진에게 쌓여 있던 불만을 쏟아냈다. 나는 건배를 할 때마다 형진에게 충분히 이야기해서 그가 행동을 바꾸도록 하겠다는 약속을 했고, 그들은 매번 내게서 다짐을 받았다.

우리 팀에서 하는 일 중에는 신입사원용 교재나 수첩, 아이디 카드, 체육복 등 제지급품을 정리하는 일이나 강의장 시설과 비품을 점검하고 관리하는 일, 재고 조사, 공용물품관리 등 팀원이 공동으로 해야 할 일들이 더러 있다. 많은 경우에 형진은 빠진 듯했다. 팀원들이 형진을 배려해서 그런 적도 있었고, 그가 바쁜 업무를 핑계로 나서지 않은 경우도 있었던 것 같다. 그런데 이런 일들이 반복되면서 팀원들의 불편한 감정이 조금씩 쌓였다. 그렇다고 그에게 직접 이야기하자니 왠지 치졸해 보여 그냥 넘기곤 했다고 한다. 그러다가 오늘 일로 인해 팀원들의 팽배해 있던 불만이 터져버린 것이다.

사실 크고 중요한 행사를 소홀히 하는 사람은 드물고 이 때문에 마음 상하는 일도 흔치 않다. 사람은 늘 사소한 것 때문에 감정이 상한다. 별 것 아닌 것들이 마음속에 하나 둘 거미줄처럼 얽히고 설켜 결국 걷잡을 수 없이 꼬인다. 맑은 물이 가득 담긴 커다란 물통에 잉크를 한 방울 떨어뜨리면 처음에는 표시가 나지 않지만, 계속해서 반복하면 어느 시점에 물이 탁해지듯 사소한 감정이 쌓여 마음속에 앙금을 만든다. 사소한 것이 큰 사건을 만드는 법이다. 그동안 형진의 행동에 대해 간간이 이야기가 들리긴 했지만 오늘처럼 이렇게 공개적으로 언급된 적은 없었다. 팀원들의 이야기가 공감이 되기도 했고, 형진이 외롭게 여겨지기도 했다.

다음날, 형진을 빈 강의실로 불러 어제 밤에 있었던 일을 전해주었다. 그는 내 말의 의미를 재빠르게 포착했다. 그는 의도적으로 그런 것은 전혀 아니라면서 팀 공통의 일에 적극 앞장서겠다고 약속을 했다. 그리고 다른 팀원들에게도 함께 해야 할 일이 있으면 자신에게도 말해달라고 이야기하겠다고도 했다. 다음 날 아침 회의에서 그는 진짜 팀원 앞에서 그렇게 약속을 했다. 이렇게 솔직하게 마음을 열고 이야기만 하면 되었을 것을…….

내가 OK 하면,
상사는 절대 No-K 하지 않는다

상사와 어떻게 커뮤니케이션해야 일을 효율적이고 효과적으로 할 수 있을까? 오늘은 이에 대한 교훈을 얻을 수 있는 기회가 몇 번 있었다. 상사와 효과적으로 커뮤니케이션을 하는 것은 후배들이 일을 효율적으로 할 수 있도록 만들 뿐만 아니라 후배들의 신뢰를 얻을 수 있는 원천이 된다.

우선은 2:8의 법칙이다.

오전에 상무님과 산하 팀장급 간의 간담회가 있었다. 각자 근황을 나누고 HR이 나아가야 할 방향 등을 논의하는 자리였다. 상무님은 그 자리에서 그동안 직장생활을 해오면서 상사와 대화를 할 때 2:8의

법칙이 효과적이라는 점을 나름대로 체득했다는 이야기를 꺼내셨다. 대체로 상사와 대화를 할 때 8할 정도는 상사의 의견에 동의를 하고, 2할 정도는 자신의 의견을 주장하는 것이 적절하다는 의미였다. 상사의 의견에 무조건 동조하면 아무 생각 없는 사람으로 비쳐질 수 있고, 사사건건 반대 의견을 제기하면 괜한 미움을 살 수 있다는 말씀이셨다. 상사의 제안이 큰 무리가 없다면 지지해주되 가끔은 자신의 의견을 표출하여 더 좋은 아이디어를 제시하면, 상사는 그를 우호적인 부하로 여기면서도 소신을 가진 사람으로 인정할 가능성이 높다는 이야기였다.

두 번째는 사전교감의 마력이었다.

입사 동기인 김 과장에게 들은 이야기인데, 같은 부서에 두 명의 과장이 있었다. A 과장은 부장님에게 보고를 하거나 기획서를 올리면 거의 한 번 만에 통과되는데, B 과장은 번번히 퇴짜를 맞거나 부장님으로부터 수정지시가 떨어진다. 그렇다고 B 과장이 일을 게을리 하거나 A 과장에 비해 딱히 능력이 떨어지는 것도 아니다. 오히려 A 과장보다 B 과장이 고민은 더 많이 하고 있었다. 문제는 상사와 커뮤니케이션 하는 방식이었다.

A 과장은 비공식적 커뮤니케이션을 잘 활용한다. 어떤 기획안을 준비하고 있다면 사전에 상사와 비공식적인 의사교환을 통해 부장님(혹

은 최종 의사결정권자)의 생각을 사전에 확인한다. 휴식 시간이나 점심식사 시간 혹은 다른 보고를 할 때 덧붙여 그 주제에 대해 상사의 의견을 미리 들어보는 식이다. 최종 의사결정권자가 생각하고 있는 기본적인 방향에 맞추어 자신의 생각을 정리하고 조직화하여 보고함으로써 일이 원활하게 진행된다.

반면 B 과장은 완성된 형태의 자료를 보고하는 것을 선호한다. 독창적인 기획과 참신한 아이디어가 빛을 발하는 경우도 있지만, 치밀하게 준비하고 작성한 보고서가 의사결정권자의 의도와 방향이 다르다면 의견을 조율하는 데 시간이 더 많이 소요될 수 있고, 때에 따라서는 보고서 또는 기획서의 내용을 전면 수정해야 하는 경우도 발생할 수 있다.

상사의 의견이 모두 옳을 수는 없다. 하지만 전체적인 방향을 결정하는 데 상사의 생각이 반영되지 않은 보고서가 추진력을 얻기는 어렵다. 상사의 의견을 100% 반영해야 한다는 의미가 아니라, 커뮤니케이션을 통해 사전에 의견을 맞추어 나가는 것이 중요하다는 뜻이다. 일종의 변화관리인 셈이다. 다른 부서와 함께 일을 할 때도 마찬가지다. 사전에 충분한 의사소통을 통해 조율한 다음 업무를 추진해나가는 것이 공식적인 문서를 통해 요청하는 것보다 훨씬 쉽고 부드럽게 협조를 얻어낼 수 있다.

나는 후배들에게 나를 통과한 보고서는 되돌아오지 않게 하겠다는 공언을 종종 하곤 한다. 그 대신 내가 요구한 수준은 틀림없이 맞추어 달라고 부탁을 한다. 나의 요구수준에 맞추기만 한다면 보고자료를 다시 수정해야 하는, 일명 삽질은 없을 것이라 약속했다. 실제로 내가 OK한 보고서는 대부분 부장님과 상무님의 결재를 받는데 큰 어려움이 없었다. 그 비결은 바로 A 과장의 방식을 채택한 데 있었다. 대부분 팀원에게 일을 지시하고 방향을 제시하기 전에 나는 부장님과 사전에 교감을 나누어 의중을 파악한다. 사실 부장님도 사전교감에 관한 한 둘째가라면 서러워하실 분이다. 상무님의 의사결정이 필요하거나 다른 부서와 조율이 필요한 사안이라면 사전에 충분히 의견을 듣고 그들의 요구를 파악하신다. 그렇기 때문에 나는 부장님과 교감하고 있으면 그 윗 분과도 연결되어 있다는 느낌이 든다.

후배들에게도 이 두 가지 이야기를 공유해야겠다. 특히 김성주 대리는 혼자 보고서를 다 만들고 난 다음에야 내게 보고를 하는 경향이 있어 삽질(?)을 하는 경우가 더러 있다. 그에게는 사전교감의 필요성을 특히 강조해주어야겠다.

우리는
칭찬을 먹고 산다 1

사보에 사원을 대상으로 실시한 설문 결과가 실렸다. 상사와의 관계에 대한 구성원들의 인식이 주제였다. 상사로부터 가장 듣고 싶은 말은 '역시 자네야!' 란다. 그 다음은 '정말 수고했어.', '고생이 많지?' 등의 순이었다. 상위에 선정된 의견들은 모두 칭찬과 격려의 말이다. 결국 칭찬과 격려가 가장 사람을 기분 좋게 한다는 의미다. '자료 정리가 참 잘 됐어.', '기획안이 참신한데!' 이런 말을 들으면 쑥스럽기도 하지만 기분이 좋아진다. 하다못해 오랜만에 만난 사람이 '왜 그리 멋있어졌어!'라며 말을 건넬 때, 빈 말이라는 걸 뻔히 알면서도 절로 입꼬리가 올라간다.

요즘은 나에 대한 칭찬보다 나와 함께 일하는 팀원들이 잘한다는 이야기를 더 자주 듣는다. 그 때마다 괜히 어깨가 으쓱해진다. 팀원에게 좋은 평가를 하는 것인데 꼭 나를 두고 하는 말같이 여겨진다. '칭찬은 고래도 춤추게 한다!'고 하지 않던가? 아침에 칭찬을 받으면 그 날은 왠지 하루 종일 기분 좋은 일만 생길 것 같다.

> "칭찬은 인간의 정신에 비치는 따뜻한 햇빛과도 같아서 우리는 칭찬 없이는 자랄 수도 꽃을 피울 수도 없다. 그런데도 우리들 대부분은 다른 사람들에게 걸핏하면 비난이라는 찬바람을 퍼붓기 일쑤고, 웬일인지 우리와 함께 살아가는 사람들에게 칭찬이라는 따뜻한 햇볕을 주는 데 인색하다."
>
> —《카네기 인간관계론(데일 카네기 저)》

우리 회사의 사내 인트라넷에는 '칭찬 시스템'이 있다. 고마움을 느꼈던 사람에게 수시로 감사의 마음을 표현할 수 있도록 구축해놓은 시스템인데, 칭찬을 하거나 받은 구성원에게 포인트가 쌓인다. 매월 '칭찬왕'도 선발하여 축하해주기도 한다. 그런데 연구소의 한 분은 올해 자신의 목표가 만점(10,000점)이라고 한다. 한 번 칭찬을 할 때 5포인트가 부여되니까, 만점을 받으려면 2,000번 칭찬을 받거나 해야 한다. 대단한 분이다.

그런데 오죽하면 이런 시스템을 만들어 공개적으로 '칭찬 이벤트'를 벌일까? 그렇게 해서라도 칭찬하고 격려하는 분위기를 만들어야 할 만큼 서로 칭찬하고 격려하는 모습이 부족하다는 반증 아닐까?

누구나 칭찬의 말을 들으면 기분이 좋아지는데 왜 우리는 칭찬에 인색한 것일까? 그리고 주변에서 칭찬을 잘 들을 수 없는 것일까?

"우리가 칭찬에 인색한 이유는 칭찬을 받아본 일이 없기 때문이다."

어느 선배의 말이다. 어릴 때부터 칭찬보다는 질책에 익숙해 있기 때문에 칭찬을 하는 데 익숙하지 않다. 칭찬의 말들은 머리 속 저 깊은 곳 어딘가에 두터운 먼지를 뒤집어쓰고 있기 때문에 마음먹고 칭찬을 하고 싶어도 그것이 어디에 있는지 찾기조차 쉽지 않다. 반면, 질책이나 비난은 문을 열자마자 튀어나올 준비를 하고 있다. 상대방의 작은 행동에도 아주 쉽게 즉각적으로 반응한다.

생각해보면 나도 칭찬에는 참 인색하다. 팀원들이 한 일에 대해 칭찬을 하거나 격려를 해 준 것이 언제였던지 기억조차 나지 않는다. 구성원들이 잘한 일을 '당연한 것'으로 인식하고 있기 때문일까? 아니면 일상에 매몰되어 그런 말을 할 마음의 여유가 없어져 버린 탓일까? '도대체 칭찬할 꺼리가 있어야 하지…….' 라고 말하는 리더들을 종종 보았다. 농담처럼 던진 그 말에 거부감이 일었지만 나 역시 그런 생각이 아주 없었던 건 아니었다. 매일 반복되는 일상에서 딱히 칭찬할 꺼리를 찾기 쉽지 않다고 생각했다. 사실 굳이 칭찬하려는 시도조차 해본 적이 없다는 게 솔직한 고백일 것이다. 나는 칭찬을 팀원이 대단한 일을 해냈을 때만 주어지는 일종의 보상과도 같은 것으로 인식하고 있었는지도 모르겠다.

또 어떤 리더들은 '너무 자주 칭찬을 하면 감각이 무뎌져서 웬만한 칭찬에는 감흥이 없어진다.'거나 '칭찬을 하면 진짜 자기가 잘난 줄 안다. 긴장감을 주기 위해서라도 칭찬을 아껴야 한다.'고 말하기도 한다. 모든 것이 희소성의 법칙을 따르니까, 칭찬도 너무 잦아지면 그 가치가 줄어들까? 그래서 칭찬을 잘 하지 않다가 가끔씩 해야 팀원이 더 기뻐할까?

하지만 칭찬은 희소성의 법칙의 예외인 것 같다. 아무리 퍼내어도 마르지 않는 샘물 같은 것이다. 아무리 쏟아 부어도 결코 질리지 않는 유일한 것인지도 모르겠다.

어떤 사람은 동료를 칭찬하면 상대방이 나보다 더 뛰어나다는 것을 인정하는 것 같아 칭찬에 소극적이라고 말한다. 고대 로마제국의 통치자였던 율리우스 카이사르는 '질투와 시기는 패배자의 언어'라고 했다. 자신감이 있는 사람은 칭찬에 인색할 이유가 없다. 바꾸어 말하면, 칭찬은 승리자의 언어라는 뜻이다.

아직 우리는 칭찬에 목마르고 배고프다. 칭찬도 근육이다. 근육을 자꾸 쓰면 튼튼해지듯 칭찬도 자주하는 습관을 들이면 아주 강해지고 어느 순간에도 힘들이지 않고 쉽게 사용할 수 있다. 칭찬 근육을 키워야겠다. 내일부터 팀원들의 작은 변화에도 고마움을 느끼고 칭찬해주리라 다짐해본다.

우리는
칭찬을 먹고 산다 2

미정이 가져온 지난 달 실적보고서에 틀린 숫자가 하나도 없었다.

"완벽해~! 이 많은 숫자를 계산하면서 단 하나도 틀리지 않다니 너무 대단한 걸!"

하며 감탄해주었다.

"팀장님 왜 그러세요? 부끄럽게……."

미정의 얼굴이 살짝 붉어지며 쑥스러운 듯 말을 했지만 그녀는 환하게 웃고 있었다. 나도 덩달아 기분이 좋아졌다.

칭찬을 하면 상대방도 기분이 좋아지겠지만 나 또한 마음이 환해진다. 새삼 칭찬의 힘을 깨닫는다. 오늘은 하루 종일 절반쯤 공중에 떠 있는 듯한 날이었다.

빠른 후배와
느린 후배

오전에 상일이 문제해결교육 과정 개선 방안 검토 자료를 가져왔다. 이틀 전에 상무님께서 전사적으로 이슈가 되는 교육이니 근본적인 개선 방안을 만들어 보고하라고 지시하셨고 나는 상일에게 이 일을 맡겼었다. 그가 준비한 보고서를 펼쳤다. 전반적인 품질교육 현황과 문제점들이 열거되어 있었고, 이를 개선하기 위한 방안이 제시되어 있었다. 상일은 지난 2년 동안 품질교육을 전담 운영해왔고 그동안 강사나 교육 참가자들과 많은 이야기를 나누었기 때문에 그 분야에 관한 한 누구보다 상세히 알고 있을 것이다. 이러한 경험을 토대로 나름의 개선방안을 제시하고 있었다.

그런데도 그의 보고서에는 무엇인가 2% 부족하다는 느낌을 지울 수 없었다. 보고서는 무난했다. 딱히 흠잡을 데는 없지만 눈에 확 띄는 아이디어나 고민의 흔적은 찾아보기가 어렵다. 점수로 보면 100점 만점에 72점 정도다. 아주 터무니없는 수준은 아니지만 그냥 그대로 쓰기에는 조금은 부족한, 딱 고민이 되는 경계에 걸쳐 있다.

상일은 지금까지의 경험에 근거해 직관적으로 떠오르는 생각을 그대로 지면에 기술한다. 그러나 거기서 더 나아가지 않는다. 그리고는 보고서를 내게 올린다. 그래서 그는 빠르다. 업무를 지시하고 얼마지 않아 결과물을 가져 온다. 그는 깊이보다는 속도를 우선한다. 가끔 오타도 보이고 적확하지 않은 표현이나 단어도 눈에 띈다. 그의 표현은 투박하고 소탈하고 순진하다. 처음엔 그의 보고서를 읽다가 느닷없이 나타나는 엉뚱한 표현에 미소가 일기도 했고 빠른 실행력에 감탄도 했지만, 이런 일이 반복되자 좀 더 깊이 고민하지 않는 그에게 화가 나기 시작했다.

상일의 방식은 몇 번이고 나와 논의를 통해 보고서를 만들어가는 유형이다. 이렇게 하면 초기에 나아갈 방향을 명확하게 할 수 있다. 작업이 한참 진행되고 난 이후에 방향을 바꾸면 이전의 작업들은 완전히 삽질(?)한 셈이 된다. 엄청난 낭비가 아닐 수 없다. 그의 방식은 두 번 작업하는 것을 사전에 방지함으로써 이런 낭비를 줄일 수 있다는 장점이 있다. 그런데 내 입장에서는 여간 성가신 게 아니다. 지시를 하고 돌아서면 그 나름대로 안案을 가져오기는 하는데, 깊이 있는 고민의 흔적은 거의 없다. 가끔은 그가 내 생각을 타이핑하는 역할을 하는 데 그치는 것은 아닌지 의심이 들 때도 있다. 이럴 때면, '도대체 저 놈은 생각이라는 게 있기는 한 건가?' 하는 생각이 들기도 한다. 그래서 나는 그에게 '회사는 네가 단순 반복적인 노동을 제공해서가 아니라 고민을 하는 대가로 월급을 주는 것'이라며 자극을 주기도 해보았지만 별 효과는 없어 보였다.

반면 세원은 다르다. 보고서를 또 늦게 가져왔다. 정확하게 말하면 마감 시한을 하루 넘겨 가져왔다. 그는 상일과는 반대로 생각이 많고 꼼꼼하다. 그래서 늦다. 하나의 기획서를 만들기 위해 수십 가지 대안을 찾고, 단어 하나를 고르고 문장 하나를 완성하는 데 심혈을 기울인다. 볼 때마다 그는 심각한 표정으로 모니터를 바라보고 있다. 그의 보고서는 단 하나의 어긋남이 없이 네 모서리가 깔끔하게 맞추어진 레고 조각 같다. 보고서에 오타 하나 찾아볼 수 없고, 정제된 용어를 사용하여 세련됐다는 느낌을 받을 때도 있다. 그의 언어는 객관적이다. 일체의 감정이 배제되어 있고 정갈하다. 별 것 아닌 내용도 그럴싸한 용어를 사용하면 뭔가 있어 보인다. 가끔이기는 하지만 그의 보고서는 손댈 게 거의 없을 정도로 깊이 있는 내용을 담고 있다. 고민이 깊고 공을 많이 들인 결과일 것이다. 그러나 시간이 지나치게 많이 소요된다.

깊이 있는 고민을 통해 좋은 작품을 만들어낼 수 있지만, 잘못된 방향으로 좋은 아이디어를 많이 도출한다면 그게 의미가 있을까? 잘못된 방향으로 열심히 하면 할수록 결과는 더 나빠진다. 일을 옳게 하는 것이 아니라 옳은 일을 하는 것이 중요하다. 또 그는 나름대로 일정을 지킨다고 생각하지만 결과를 기다리고 있는 상사의 입장에서는 일이 제대로 되어가고 있는지 늘 궁금하다. 마감이 임박해서야 받아본 보고서가 내 의도와 일치하지 않는다는 것을 발견하면 정말 난감하다.

두 사람을 적절히 섞어놓으면 좋겠다. 빠르기도 하고 신중하기도 할 수는 없을까? 두 사람 모두 각각 강점을 가지고 있다. 한 사람은 빠르고, 또 한 사람은 신중하다. 두 사람에게 어떤 조언을 해줄 수 있을까 한참을 고민해보았다.

먼저 상일에게는 아이디어를 추가적으로 두 가지를 더 만들어보라고 제안했다. 먼저 떠오른 아이디어를 보고서에 그려놓고 새로운 아이디어를 두 가지 더 고안하라고 했다. 그는 일하는 속도가 워낙 빠르기 때문에 다른 팀원이 기획안 하나 만드는 데 걸리는 시간 정도면 세 가지 기획안을 만들 수 있다. 그러면 그는 지금보다 풍부한 재료들을 가지고 훨씬 좋은 제안서를 만들 수 있을 것이다. 내게 보고할 때도 세 가지 생각을 모두 말해달라고 해두었다.

세원에게는 보고서를 만들기 전에 어떤 방향으로 보고서를 만들 것인지 나와 미리 상의해 줄 것을 제안했다. 그리고 중간보고를 해 함께 점검하자는 말도 해두었다. 그렇게 함으로써 낭비의 가능성을 줄이고 납기도 맞출 수 있을 것이다.

내 일이 바빠
후배를 챙길 틈이 없다

지난 석 달은 시간이 어떻게 지나갔는지 모르겠다. 교육 진행을 하다 보면, 특히 회사 외부 장소에서 하는 교육 과정을 진행하면 시간이 너무 잘 간다. 아침에 눈을 떴나 하면 벌써 점심시간이다. 점심을 먹고 돌아서면 저녁시간이고, 취침시각이다. 하루가 바람 가르는 소리를 내며 무서운 속도로 날아 간다. 월요일 아침이 시작된 지가 바로 몇 시간 전인데 나는 금요일 오후에 서 있다. 이것이 비극인지 희극인지……. 휴일이 빨리 돌아오니 좋은 것인가? 아까운 시간이 빨리 지나가버리니 슬퍼해야 할 일인가?

사무실과 외부 교육장을 오가며 도로에서 보낸 시간들이 꿈인 듯 아득하다. 한 번에 2~3백 명씩 전 사원을 대상으로 한 대규모의 교육이 장 기간에 걸쳐, 그것도 회사 외부에서 진행되었기 때문에 온통 신경이 그곳에 가 있었다. 많은 사람이 모인 곳이니 무슨 일이 일어날지 한 시도 마음을 놓을 수 없었다. 다행히 큰 사고 없이 교육이 무사히 끝나 안도의 한숨을 쉬었다. 올 해 농사의 절반은 다 지은 듯한 기분이었다. 그렇게 석 달 간의 대규모 교육이 마무리 되었다.

그동안 일주일의 절반 정도를 사무실 밖에서 보냈기 때문에 팀원들과 논의를 통해 정리해야 할 일들이 켜켜이 쌓이고 있었다. 외부 교육장에 있으면서 이메일이나 전화로 업무를 조율하거나 보고서 내용에 대해 의견을 나누고 결재도 했지만, 직접 얼굴을 보며 자세한 이야기를 들을 수 없어 답답함을 느끼기도 했다. 내가 이 정도였으면 팀원들은 오죽했을까 싶기도 했다.

외부에서 팀원들의 업무를 봐준다고는 하지만 현장에서도 30분이 멀다 하고 결정을 해주어야 할 일이 발생하는 터여서 팀원에게 온전히 집중하기가 쉽지 않았다. 그래서 어떤 때는 개략적으로 훑어보고는 부장님께 보고드리라고 지시하기도 했다. 보고가 별 문제없이 그냥 넘어가는 경우도 많았지만 가끔은 팀원들이 부장님으로부터 질책을 받기도 했다. 그 때마다 '조금만 더 시간을 가지고 봤어야 하는데……' 하는 아쉬움이 남았다.

대리급 정도만 되어도 걱정이 덜 하지만, 사원들은 나와 충분히 논의를 거치지 못한 상태에서 기획서를 만들어 보고를 하는 데 상당한 어려움을 토로했다. 특히 조금 덤벙대는 성격 탓에 수치를 자주 틀리는 미정은 부장님께 몇 번씩이나 지적을 받았다고 했다. 나는 꼼꼼하게 자료를 봐 주지 못한 것이 미안했다.

월요일 출근하자마자 또 한 건의 리더십교육 과정 개발 프로젝트 리더를 맡으라는 지시를 받았다. 두 달 반 만에 완료해야 하는 긴급 프로젝트였다. 인원도 구성되었고 별도의 사무공간도 마련되었다. 긴급한 프로젝트이기도 하지만 초기에 집중해야 하는 교육 과정 개발의 특성상 자리를 옮겨야 했다. 회의실 하나를 프로젝트 룸으로 꾸몄다.

물론 이 프로젝트를 이끄는 동시에 팀의 일도 처리해야 했다. 팀원들은 나의 결재를 받아야 하는 일이 있거나 상의해야 할 일이 있을 때마다 프로젝트 룸 문을 두드렸다. 몇 걸음 되지 않은 거리였지만 심리적 거리는 그보다 몇 배는 멀었을 것이다. 그들은 유리창으로 내부에서 회의가 진행 중인지 확인한 뒤 잠깐 동안의 휴식시간을 틈 타 잽싸게 들어왔다. 그 짧은 시간을 포착하기 위해 그들은 몇 번씩 자리와 프로젝트 룸 사이를 왔다 갔다 했을 것이다. 회의를 하고 있다가 창 밖에서 눈치를 살피고 있는 그들과 눈이라도 마주치면 오히려 그들이 더 미안해 하는 표정을 지었다. 팀원들은 결재를 받기 위해 프로젝트 룸에 들어와서도 좌불안석이었다. 나와 이야기를 나누게 되면 옆 사람들이 집중하는 데 방해라도 되지 않을까 걱정하는 눈치였다. 더 미안했다.

어제부터는 매일 점심 식사 후 두 시간 동안은 사무실 자리에 앉아 있겠다고 팀원들에게 말해두었다. 그 시간을 이용해서 결재를 하고, 개인적으로 진행되고 있는 업무에 대해서도 논의하자고 했다. 어제는 미정이의 월말 어학교육 결과보고서를 검토하는 데만 30분이 더 걸렸고 상일과 품질교육 이슈에 대해 이야기를 하는 동안 계획한 시간이 다 지나가 버렸다. 지성이와는 이야기를 나눌 틈도 없었다. 결국 그의 문제는 퇴근시간이 훨씬 지난 늦은 저녁에야 논의할 수 있었다. 그동안 그의 일은 '일시 정지' 상태로 나를 기다리고 있었다.

그런데 오늘은 오후 두 시간의 약속도 지키지 못했다. 상무님께서 프로젝트 룸을 방문하신다는 연락을 받고 긴급보고 준비를 하기 위해 더욱 분주했기 때문이다. 하루 만에 팀원들과의 약속을 어겼다. 난감했다. 그들의 업무는 또 표류하고 있을 것이다. 내 속은 더 타들어 갔다.

그런데 생각해보니, 팀원의 일은 모두 내가 점검해주어야 한다는 일종의 강박관념 또는 고정관념을 가졌던 게 아닌가 싶었다. 그들 모두 충분한 교육을 받은 역량 있는 친구들이기 때문에 얼마든지 스스로 헤쳐나갈 수 있다. 물론 초기에는 두려움도 있고 어려움도 겪겠지만, 적응하는 데 많은 시간이 필요하지는 않을 듯하다. 그래서 나는 과정 개발 프로젝트 하나에 전념할 수 있도록 나머지 업무는 팀원에게 전적으로 위임하면 어떨까 생각해보았다. 일부는 고참 대리에게 맡기고, 일부는 부장님께서 직접 봐주시도록 하고……. 부장님이 직접 구성원들의 업무를 세세하게 검토해주어야 한다면 성가실 수도 있을까?

나는야
조급증 환자……

"팀장님, 일 시키신 지 몇 분 안되었거든요?"

지성이 다소 과장된 웃음을 지으며 장난기 섞인 목소리로 말한다. 그는 웃을 때 눈꼬리가 살짝 올라가며 잔주름이 몇 개 잡힌다. 늘 천진난만한 개구쟁이 웃음을 머금고 살짝 건드려도 장난이 와르르 쏟아져 나올 것만 같은 눈을 가졌다. 절대 미워할 수 없는 놈이다.

"어, 참 그랬지? 미안 미안해. 그래도 좀 서둘러줘~."

그와 대화를 할 때면 내 목소리도 절로 경쾌해진다. 그래서 여간 심각한 일이 아니고서는 그와 이야기 할 때 편한 친구와 장난치듯 하는 경우가 많다. 대화가 늘 유쾌하다.

가만 생각해보니 요즘 내가 일을 지시해놓고 얼마 되지도 않아서

'다 됐어?' 혹은 '그거 어떻게 돼가고 있어?' 확인하는 버릇이 생긴 것 같다. 그래서 병국이도 나를 보며 '돌아서서 묻는다.'고 놀리듯 말하곤 했다.

나도 실무자로 일을 할 때 상사들이 너무 재촉한다고 느꼈을 때가 있었다. 그런데 그들의 모습을 닮아가고 있다니⋯⋯. 가끔씩 닮고 싶지 않던 상사들의 행동을 그대로 따라가는 나를 발견하고는 움찔할 때가 있다.

오늘도 그랬다. 아침 미팅을 마치고 지성에게 최근 3년치 직급필수 교육 과정 실적자료 분석을 시켜놓고, 한 시간도 안 되어 '실적 분석 완료되었냐?'고 물었다. 다른 일을 하고 있다가 지성을 보자 무심결에 그 말이 튀어나왔던 것이다. 상무님께는 다음 주에 보고를 하면 되는 자료인데도 내 머리 속에 '저 일은 시간이 얼마 걸리지 않을 것'이라 규정짓고 있었던 것 같다. 나는 팀원들에게 일을 맡기면서 나름대로 그 일을 수행하는 데 어느 정도 시간이 소요될 것인지 가늠해본다. 그리고 내가 생각했던 시간이 지나면 그(녀)에게 '어떻게 되어가는지' 물어본다.

요즘은 마음이 더 조급해졌나 보다. 마감기한이 있기는 하지만, 빨리 끝낼 수 있는 것은 굳이 그 때까지 기다릴 필요가 없다고 생각했던 것 같다. 그래서 나는 업무지시를 할 때 '언제까지'라는 기한을 정해주지 않았다. 그저 '가능한 빨리' 그 일을 마무리 짓는 대로 보고해 주길 기대했다. 그런데 그들 입장에서 보면, 내가 지금 지시한 일 이외에도 진행중인 일이 있기 때문에 내가 생각한 그 시간을 맞출 수 없을지도 모른다. 내가 그 점을 간과했다. 그들이 지금 어떤 일을 진행하고 있는지 확인한 다음 그(녀)의 일정을 고려해서 마감시한을 정했다면 좋았을 것이다.

오늘의 다짐. 상대에게 물어볼 것, 그(녀)가 진행중인 업무 일정을 고려해서 언제쯤 보고를 해 줄 수 있는지 확인하고 약속을 받을 것. 그러면 그(녀)도 자신이 직접 정한 약속이니 더 책임감을 가지고 기한에 맞추려 할 것이다.

첫 성과평가의
떨림

일주일 동안 미국 출장을 다녀왔다.

그동안 밀려 있는 이메일을 확인하는 데 꼬박 하루가 걸렸다. 하루에도 수십 건의 메일이 날아드는데 한 주 동안이나 자리를 비웠으니 메일이 거의 열 페이지를 넘어간다. 제목만 확인하는 데도 한참이 걸렸다. 일정에 반영할 것들을 수첩에 옮겨 적고 기억해야 할 것들은 메모도 하고 필요한 것들은 출력해서 다시 꼼꼼히 읽기를 반복했다.

정신 없이 메일을 확인하고 있는데, '상반기 사무직 성과평가 입력'이라는 청색의 굵은 제목이 눈에 들어왔다. 인사팀에서 보낸 메일이었다. 이번 주말까지 팀원 개인별 상반기 업무 성과를 평가해 그 결과를 인사평가 시스템에 입력하라는 내용이었다. 지금까지 성과평가를 받기만 하다가 이번에는 내가 직접 팀원들의 성과를 평가하고 그들에게 피드백을 주게 되었다.

이전에 근무하던 회사에서 팀원 두 명과 함께 1년 동안 프로젝트를 수행하고 나서 그들을 평가해본 적이 있었다. 두 사람 모두 나름대로 최선을 다했고, 함께 성과를 일구어냈기 때문에 누가 더 많은 기여를 했는지 판단하기 어려워 둘 다 최고의 점수를 주었었다. 인원도 적고 프로젝트 팀이었기 때문에 어떻게 평가를 하던 별 문제가 없었던 것 같다.

그런데 이번에는 상황이 다르다. 팀원도 많고, 모두가 다양한 업무를 수행하고 있다. 모두 저마다 최선을 다했고 나름의 성과도 거두었다. 누구에게 어떤 평가 점수를 주어야 할지 난감했다.

연초에 너무도 도전적인 목표를 - 자칫 무모하리만큼 - 세워 일부 과제를 미달한 팀원도 있고, 일상적인 수준에서 약간의 도전성을 더한 목표를 수립하여 기대 이상으로 달성한 팀원도 있다. 도전적인 목표를 무난히 달성한 팀원도 있다. 도전적인 목표를 80%정도 달성한 사람과 그저 그런 목표를 110% 달성한 사람, 누구에게 더 높은 점수를 주어야 할까?

또, 내년에 진급대상이 되는 팀원도 있다. 그들은 올해 평가를 잘 받아야 한다. 진급에 필요한 안정적인 점수를 확보해두지 않으면 불이익을 받을 수도 있기 때문이다. 그런데 인사평가는 상대평가를 적용하기 때문에 누군가가 좋은 점수를 받으면 다른 누군가는 낮은 점수를 받을 수밖에 없다. 따라서 내년 진급대상자들에게 좋은 점수를 주게 되면 누군가는 좋은 성과를 일구어냈음에도 불구하고 상대적으로 낮은 평가를 받게 되어 있다.

리더들을 대상으로 교육을 할 때마다 객관적인 데이터를 근거로 평가하라고 누누이 강조했지만, 막상 내가 그 입장이 되고 보니 어찌해야 좋을지 아무리 머리를 짜내보아도 해답이 보이지 않았다. 그동안 함께 일을 하면서 누구 하나 정이 들지 않은 팀원이 없는데 어떤 이에게는 좋은 점수를 주고, 또 몇몇에게는 상대적으로 낮은 점수를 주어야 한다는 사실이 나를 힘들게 했다. 차라리 예전처럼 연공서열로 점수를 주는 것도 좋겠다는 생각까지 하게 되었다.

예전에 모시던 상사 한 분이 '평소에 그렇게 속을 썩이던 부하도 1년에 두 번은 정말 고마울 때가 있다.'고 하신 적이 있었는데, 그 말뜻을 알겠다. '누구를 최하위로 둘 것인가?'를 생각해야 할 때 주저 없이 그를 택하면 된다는 의미였다. 그 분이라면 이 상황에서 어떻게 했을까? 생각이 더해질수록 도무지 뾰족한 답을 찾을 수 없었다. 그러는 동안 해는 기울어 또 하루가 저 너머로 사라졌다. 팀원들의 얼굴이 하나 둘씩 스쳐 지나갔다.

다음날 나는 부장님을 따로 만나 고민을 털어 놓았다. 부장님께서는 평소에 개인별 성과에 대한 객관적인 데이터를 많이 확보해두라고 말씀해주셨다. 인사평가시스템에는 수시로 개인의 업무 실적과 태도, 행동과 관련해서 메모해둘 수 있는 별도의 기능이 있다는 말씀과 함께. 이러한 것들이 쌓이면 성과평가를 할 때 가능한 객관적으로 평가할 수 있는 근거자료로 활용할 수 있다고 하셨다. 또 평가를 하기 전에 팀원을 면담해서 왜 그러한 평가점수를 받게 되었는지에 대한 명확한 사유를 알려주고 앞으로 더 잘 할 수 있는 방법을 함께 고민해준다면 그들과의 관계를 더 발전시킬 수 있을 것이라 말씀해주셨다.

그리고 무엇보다 중요한 점은 평소에 후배들을 격려하면서 낙관적인 희망만 주어서는 안 된다고 하셨다. 무조건 '잘 하고 있다.', '실력이 뛰어나다.'는 등의 말을 남발하지 말아야 한다는 뜻이다. 사람은 누구나 자신의 능력과 성과에 대해 너그럽고 긍정적으로 보려는 경향이 있기 때문에 중간 중간에 적절한 피드백을 주어 자신에 대해 보다 객관적으로 파악할 수 있는 기회를 줄 필요가 있다. 공감했다. 평소에는 면담할 때마다 잘 한다는 칭찬을 듣다가 평가 때 기대에 미치지 못하는 평가를 받게 되면 그는 실망하게 되고 상사에게 불만을 갖게 될 것이다. 그뿐만 아니라 자칫하다간 리더에게 가졌던 신뢰까지 잃을 수 있다. 그래서 피드백은 가능한 있는 그대로 솔직하게 해야 한다.

팀원들은 나를
일중독자라 생각하고 있었다

화면을 읽어 나가던 형진의 목소리가 떨리고 있었다. 그는 문장과 문장 사이에서 호흡을 불규칙적으로 멈추었다 내쉬기를 반복했고, 목이 건조한 듯 헛기침을 자주해댔다. 마우스를 쥔 그의 손이 떨리고 스크린의 활자를 따라가던 레이저 포인터의 붉은 빛도 제 방향을 잃은 듯 불안하게 흔들리고 있었다. 형진은 팀원들이 나에게 피드백한 내용을 읽는 중이었다.

금요일 오후. 부서원 전체가 1박 2일 일정으로 조용한 산장 하나를 빌려 워크숍을 열었다. 자기성장을 도모하고 팀워크를 공고히 하기 위해 팀원들 서로간에 솔직한 마음을 주고 받는 것이 이번 워크숍의 목적이었다. 일주일 전부터 형진과 병국을 중심으로 워크숍을 준비했다. 온라인 무기명 설문을 통해 부서원 전체가 자신을 제외한 나머지 구성원에 대해서 배우고 싶은 점과 개선되기 바라는 점을 피드백했다. 부장님께서는 동료의 성장과 발전을 위해 정성을 다해 적으라고 말씀하셨고, 절대 무기명이 보장될 것이라는 말씀도 덧붙이셨다. 그래서 온라인 무기명 방식으로 진행되기는 하지만 보다 확실한 믿음을 주기 위해 관리자 대신 사원들이 직접 준비하는 것이 좋겠다고 제안하셨다. 나도 구성원 모두에게 정성을 다해 피드백을 했다.

드디어 오늘 구성원 전원의 피드백을 공개하는 자리를 가지게 된 것이다. 작은 방에 스크린을 설치하고 노트북에 빔 프로젝트를 연결했다. 개인적인 피드백을 하기 전에 각자의 5년, 10년, 그리고 30년 뒤 꿈을 공유하는 시간을 가졌다. 모두들 저마다의 꿈 보따리를 풀어놓았고, 서로를 격려해주었다. 드디어 운명의 시간이 다가왔다.

부장님께서 몇 가지 원칙을 정하셨다. 첫째, 동료들의 피드백을 있는 그대로 받아들이고 절대 변명하지 말 것. 둘째, 누구의 의견인지 알려고 하지 말 것. 셋째, 스스로 변화할 수 있는 계기로 삼을 것 등이었다. 부정적인 피드백을 받으면 속이 상할 것이지만, 받아들이면서 성찰을 통해 더 큰 성장을 위한 출발점으로 삼자는 말씀이었다. 우리는 이미 라포르(rapport, 신뢰)가 형성되어 있기 때문에 그 정도는 가능할 것이라는 말씀도 잊지 않으셨다.

맨 먼저, 이번 이벤트를 준비한 형진과 병국에 대한 피드백이 화면에 나타났다. 형진이 한 줄씩 읽어 내려갔다. 대부분 그에 대해 평소에 느끼고 있던 내용을 중심으로 매우 상세하게 기술되어 있었다. 배우고 싶은 점이 대략 A4 용지로 두 장, 개선되기를 바라는 점도 그 정도 분량이 되었다. 글자 크기가 10 포인트 정도인 것을 감안하면 꽤 많은 내용이 담긴 셈이다. 자기 생각이 뚜렷하고 비전이 분명한 점, 새벽에 일어나 부단히 자기 개발을 하는 열정 등이 형진에게 배우고 싶은 주요 내용으로 언급되어 있었다. 반면, 팀 전체의 일보다 자신의 일을 더 우선으로 생각하는 점 등은 바꿀 필요가 있다고 동료들은 생각하고 있었다. 공감이 갔다. 병국에게는 원만하고 쾌활한 성격으로 주변 사람들을 늘 기분 좋게 만들고, 팀 공동의 일에 누구보다 앞장서는 모습이 보기 좋다고 했고, 다만 자신의 일에도 성과를 만들어내기 위해 애쓸 필요가 있다는 피드백이 주어졌다. 팀원들이나 관리자들이나 사람을 보는 시각이 크게 다르지 않음을 느꼈다.

팀원들의 순서가 끝나고, 이제 내 차례였다. 형진이 나의 피드백 자료를 준비하고는 읽기 시작했다. 출발은 나쁘지 않았다. 나로부터 후배들이 배우고 싶은 점들을 하나씩 읽어 나갔다. 자기관리가 철저하다거나 일에 대한 열정이 강하고 자기 개발에 꾸준히 많은 노력을 쏟아 붓는 점들이 특히 부각되었다. 살짝 기분이 좋았다. 그러나 지금

읽고 있는 내용보다는 다음에 나올 개선포인트가 어떤 내용일지 더 궁금했다. 여간 긴장되는 게 아니었다. 나의 강점 읽기가 끝나자 형진도 호흡을 가다듬고 큰 숨을 내쉬었다. 나도 허리를 한 번 펴고 크게 숨을 들이마시고는 코로 내쉬었다.

"일밖에 모르는 사람이다. 일을 빼고 나면 남는 게 없을 것 같고, 인간적인 삶이 없는 사람 같다. 사람관계는 오로지 일로서만 엮여 있고, 회사 밖에서 만나면 절대 모른 척할 것 같다. 일 앞에서 지나치리만큼 냉철하다 …… 사람보다 일을 우선시하는 것 같다. 후배들을 인간적으로 잘 챙겨주지 않는다 …… 지독한 '일 벌레' 다. 사람냄새가 나지 않는다……."

깨알 같은 글씨로 세 페이지나 되는 방대한 양의 피드백 내용을 요약하면, 나는 지독한 '일 중독자'고, 사람의 감정이나 관계에 대해서는 아예 관심도 없는 사람이었다. '사람'보다는 '회사'에만 메여 있는 사람. 그게 후배들에게 비친 나였다. 스크린의 텍스트를 읽어 나가던 형진의 목소리가 떨리고 있었다. 문장과 문장 사이에서 호흡이 거칠었다. 형진도 손이 떨려 잘 읽지 못하겠다고 고백했다.

방바닥의 열기가 가슴을 지나 목 줄기를 타고 올라와 얼굴을 뜨겁게 달구었다. 화면의 글자들은 올라가는데 귀속까지 열기가 부풀어 붕붕거리기만 할 뿐 형진의 목소리가 제대로 들어오지 않았다. 몸은 뜨거운데, 가슴을 파고드는 단어에는 한기가 느껴진다. 날 선 낱말의 파편들이 가슴을 깊이 파고 들어와 온 몸을 갈기갈기 찢어놓는다. 후배들의 날카로운 외침이 뼛속 깊이 들어와 박혔다. 억울했다. 그건 아니라고, 정말 그건 아니라고 소리를 지르고 싶었다. 팀원들이 정말 내 마음을, 내가 처한 상황을 너무도 몰라주는 것 같아 속이 상하고 야속하기까지 했다. 문장 하나 하나에 나는 반박하고 싶었다. 나의 진심은 그게 아닌데……. 정말 이럴 수는 없다. 그렇지만 처음부터 약속을 한 이상 어떤 말도 할 수 없었다. 그래서 더 억울했다. 그들이 그렇게 느꼈다면 그것 자체로 명백한 사실이다. 내가 부인한다고 해서 달라질 것은 없다. 그렇지만 억울한 심정은 어쩔 수 없었다. 한참 동안이나 혹독한 언어들이 폐부를 핥고 지나갔다. 가혹한 시간이 흐르고, 분출되지 못한 응어리가 속에서 곰삭고 있었다.

부장님을 제외하고 한 과장님과 나 그리고 송 대리 등 고참 세 명이 집중 포화를 맞았다. 피드백 시간을 마치고 이어진 뒤풀이 시간. 아무런 방패막이도 없이 무차별적인 난도질을 당한 세 명의 고참은 부장님과 후배들의 위로주酒로 상처를 어루만졌다. 오늘의 충격과 억울함은 한동안 기억될 것이다. 상처가 아무는 동안 나는 그들의 생각이 틀렸음을 보여줄 것이라 다짐해보았다. 밤새도록 잠을 이룰 수가 없었다.

안 된다고만 하면
내가 어떻게 해야 되니?

김성주 대리 때문에 화가 났다. 아마 그녀도 겉으로 내색은 않았지만 불편한 감정을 눈치 챘을 것이다. 오후에 김 대리를 불러 해외파견 사원의 육성 방안을 마련하기 위해 다른 회사의 사례를 파악해 자료를 만들어보자고 제안했다. 나의 제안에 김 대리는 머뭇거리면서도 단호하게 말했다.

"굳이 해야 한다면 하기야 하겠지만……. 이거 해봐야 또 흐지부지 되는 거라면 저는 또 삽질한 것밖에 안되잖아요? 그래서 솔직히 이 일은 하기 싫어요."

그녀는 솔직하고 거침이 없다. 어떤 말이든 마음속에 담아두지 않는다. 그 점이 장점이긴 하지만 같이 일을 해야 하는 입장에서는 불편할 때도 있다. 오늘도 그랬다. 업무를 지시하거나 제안할 때 '부당하다.', '하기 싫다.'고 당당하게 말을 하면 나는 당혹스럽다. '내가 사원 시절에는 저러지 않았는데…….' 왠지 손해 보는 듯한 기분이 들기도 한다. 나는 상사의 지시에 대해 면전에서 그렇게 싫은 내색을 해본 적은 없는 것 같은데, 후배가 이런 행동을 보이다니……. 혹시 내가 만만하게 보여 그럴까? 만일 그렇다면 한편으로 안심이 되기는 하다. 어쨌든 내게 어떤 말이든 할 수 있는 분위기는 된다는 의미니…….

애써 화를 참으며 그녀에게 더 좋은 아이디어가 있는지 물었다. 그녀는 별다른 아이디어가 없다고 했다. 나는 그렇다면 우선 시도해보자고 했다. 우리의 노력이 헛된 일로 판명날 수도 있겠지만, 최선을 다한 만큼 남는 것이 분명 있지 않겠냐는 말로 격려해보았다. 알겠다고 하고는 자리로 돌아가는 그녀의 뒷모습을 보며 개운치 않은 감정을 삼켰다.

'不' 자字가 많은 사람에게 일을 맡기기가 주저된다고들 한다. 그래도 리더는 리더이기 때문에 그들을 함께 데리고 가야 한다고도 한다. 뛰어난 리더들은 구성원의 마음을 움직이는 힘이 있다고들 하는데, 솔직히 나는 그런 후배들을 다루기가 쉽지 않다. 무조건 그들의 요구를 수용할 수도 없고, 그렇다고 지위를 이용해서 그들을 강제로 움직이는 것도 바람직해 보이지 않는다. 마음이 맞지 않는 친구와 여행을 하는 것처럼 불편하다. 이럴 때는 정말 '그녀 대신 내가 일을 다 해버릴까?' 하는 생각도 턱 아래까지 치밀어오른다.

모든 사람이 '나'와 같지 않다. 저마다의 가치와 사고방식을 가지고 있기 때문이다. '나'와 같지 않은 사람들과 함께 일을 한다는 것은 쉽지 않다. 함께 일을 하는 과정에서 시너지를 만들어 낼 수도 있지만, 너무도 다른 특성 때문에 일이 잘 진척되지 않을 수도 있다. 리더를 잘 한다는 것은 다양한 사람들의 다양한 가치와 의견을 모두에게 도움이 되는 방향으로 모아가는 것이 아닐까 생각해본다. 나를 죽이고 함께 일하는 사람들을 위한 여백을 만드는 노력이 필요해 보인다. 리더는 참을 인忍자로 만들어지나 보다.

부장님의 전화 한 통으로
꼬인 일이 풀렸다

일이 꼬였다. 회계부서에서 리더 대상의 교육 과정 도입에 필요한 예산을 승인해주지 않고 있다. 일정이 촉박한데 이런 것에 발목을 잡혀 나아가지 못하고 있다고 생각하니 답답했다. 게다가 이 교육 과정은 연초에 이미 예산을 배정받아 놓은 것인데도 불구하고, 회계부서에서 경영 환경 악화로 인해 긴축경영을 해야 한다는 이유로 비용을 통제하고 있다. 교육 시작을 앞두고 회계부서의 합의를 받기 위해 품의서를 상신했으나 3일이 지나도록 결재를 하지 않고 있었다.

초조한 마음에 나는 계단을 뛰어 올라 회계팀장을 찾아갔다. 마침 자리에 앉아 있었다. 내가 인사를 하자 그는 몸을 돌려 나를 쳐다보았다. 회계팀장의 모니터에는 복잡한 수치들이 빼곡히 채워져 있었다.

그것들은 마치 독일병정처럼 단 한치의 흐트러짐도 없이 대열을 갖추고 있었다. 강철 같았다. 나는 그분에게 찾아온 자초지종을 가능한 상세하게 설명하고 예산집행을 승인해 줄 것을 요청했다. 회계팀장은 나를 찬찬히 올려다 보더니 그 교육이 꼭 필요한지 물었다. 나는 이미 상무님께까지 보고가 완료된 사안이라 답했다. 그는 그래도 경영환경이 좋지 않아 경비를 절감해야 한다며 정말 꼭 필요한지 다시 검토해보라고 했다. 나는 다시 찾아 오겠다는 말을 하고는 사무실로 돌아왔다. 심란했다. 회계팀장은 도저히 넘을 수 없는 육중한 성벽 같아 보였다. 이미 교육을 실시하겠다는 보고가 끝난 마당에 나도 되돌릴 수는 없었다.

"그래? 내가 전화 해 볼게."

지금까지의 상황을 말씀드렸더니 부장님은 바로 회계팀장에게 전화를 걸었다. 부장님은 회계팀장과 몇 마디를 주고 받는가 싶더니, '해결되었으니까 확인해봐.'라며 별일 아니라는 듯 툭 던지셨다. 전자결재문서를 확인해보니 회계팀장의 결재자리에 'OK'라는 두 글자가 선명하게 찍혀 있었다. 허탈하기도 하고 당황스럽기도 했다. 내가 상세하게 교육실시의 당위성을 설명할 때만 해도 그렇게 단단히 닫혀 있던 성문城門이 부장님과 몇 분 통화로 순순히 열리다니…….

'리더의 비공식적 관계가 좋아야 아래가 편하다.'고 하시던 어느 상무님의 말씀이 생각났다. 체계나 프로세스가 일을 하는 것 같지만 자세히 들여다보면 사람과의 관계가 일을 한다. 조직에서는 결국 사람이 일을 하므로 관계가 좋아야 모든 것이 잘 풀린다. 특히 윗사람들 간의 관계가 좋으면 어떤 문제건 어려울 게 없다.

다음 주에 중국과 일본 법인 출장이 예정되어 있어 법인 위치와 공항에서 법인을 찾아가는 방법 등을 알아보기 위해 여기저기 전화를 걸고 있었다. 두 곳 모두 처음 방문하는 길이어서 준비해야 할 것들이 많았다. 법인에서 가까운 호텔은 어디인지, 이동수단은 어떻게 해야 할지 막막했다. 또 한 번 부장님의 네트워크가 빛을 발했다. 부장님의 전화 한 번에 법인에서 상세한 안내문을 보내왔고 중국법인에서는 나와 입국 일정이 같은 사람을 소개해주기까지 했다. 그와 동행하면 법인을 찾아가는 데 어려움이 없을 것이다.

사원 시절에 퇴근시간만 되면 관리자들이 약속이나 한 듯 서로 눈빛을 교환하면서 신호를 보내고 이리 저리 전화를 걸어 다른 팀의 관리자들과 저녁 약속을 하는 모습을 종종 보았다. 해야 할 일이 산더미처럼 쌓여 있는데 일찍 퇴근해서 술이나 마시러 다닌다는 게 도무지 이해가 되지 않았다. 아침에 출근하면 간밤의 용감무쌍했던 무용담을 늘어놓곤 했는데 그 때마다 일은 하지 않고 맨날 술 마실 건수만 찾으려 하는 관리자들이 한심하게 여겨지기도 했다. 그런데 이제 그들을 이해할 수 있겠다. 더 나아가 나도 그들처럼 저녁 시간을 함께할 누군가를 찾아야 될 것 같은 의무감마저 들었다.

대한민국에서 성공하기 위해 'ㄲ' 여섯 개가 필요하다는 말이 있다. 그 여섯 개란 꿈(분명한 목표), 끼(재능), 깡(열정), 꾀(지능), 꼴(외모), 그리고 끈(네트워크)이다. 열정이나 재능 못지않게 네트워크 즉 인간관계가 중요하다. 비단 우리나라만 그럴까? 서구에서도 이미 인간관계를 사회적 자본social capital이라 하여 연구하고 있을 정도로 그 중요성을 인정하고 있다. 우리는 살아가는 동안 가족이나 친척, 동창, 그리고 기타 다양한 사람들과 관계를 맺는다. 사람들은 지속적으로 접촉하는 일부의 사람들을 신뢰하고 지원하며, 또 그들이 신뢰하는 몇몇에게만 도움을 요청한다. 따라서 관계망에 포함되어 있거나 이에 접근할 수 있는 사람들은 경쟁우위를 확보할 수 있다. '사회적 자본'이란 이처럼 경쟁우위의 원천이 되는 특정 개인의 유대관계를 말한다. 따라서 폭넓은 인간관계를 가진 사람이 그렇지 못한 사람들보다 경쟁우위를 점할 가능성은 높아 보인다. 물론 그 관계의 내용이나 질도 중요하겠지만……

나는 사람들과 어울려 늦게까지 술을 마시는 것을 좋아하지 않기 때문에 이런 상황이 영 내키지 않는다. 게다가 요즘은 늦게까지 술을 마시고 나면 다음 날 오후까지 몸이 힘들어 가능한 주중에는 술자리를 갖지 않으려 다짐까지 하지 않았던가? 술자리 말고 다른 방법으로 관련부서와 얽혀 있는 문제를 순조롭게 조율하고 그들과 좋은 관계를 유지하고 신뢰를 얻을 수 있는 방법은 없을까? 가령, 함께 해야 할 일이 있을 때 내가 먼저 다가가서 양보하고, 내가 더 적극적인 모습을 보여주는 건 어떨까? 그들과 강한 유대를 형성할 수 있는 방법을 좀 더 고민해봐야겠다.

과거는 과거일 뿐,
오늘은 또 다른 날이다

전사 팀장을 대상으로 한 교육 과정 설계를 시작한 지 한 달이 지나고 있다. 교육 과정에 대한 경영층의 기대는 청취했는데 진도가 잘 나가지 않는다. 대개 경영층에서는 교육 과정 하나를 통해 엄청난 변화를 만들어내길 기대한다. 내부적으로도 매번 새로운 접근 방식, 새로운 콘텐츠, 놀랄 만한 효과를 기대하고 있기 때문에 교육 과정을 하나를 개발한다는 것은 피를 말리는 작업이 될 수밖에 없다. 게다가 개발 기간은 늘 촉박하게 주어지니 개발 프로젝트가 시작되면 밤을 새우기 일쑤다.

오늘은 난상토론을 벌이다가 형진이 팀장을 위한 온라인 커뮤니티를 개설하자는 제안을 했다. 팀장들이 교육을 마치고 현업으로 돌아가면 며칠 지나지 않아 학습한 내용을 잊어버리기 때문에 교육 내용을 지속적으로 환기시키고 유용한 정보도 제공해주자는 것이다. 또 커뮤니티에 상담코너를 개설해 신임팀장들이 선배팀장들로부터 곤란한 상황에 대처하는 노하우도 배울 수 있도록 하면 좋을 것이라 했다. 조직을 이끄는 데 필요한 정보와 유익한 자료를 모아 체계적으로 정리해두면 팀장들이 효과적인 리더십을 발휘하는 데 도움이 될 것이라는 의견이었다.

'저건 만들어 봐야 얼마 안 돼서 흐지부지 될 텐데…….' 그의 이야기를 들으면서 마음속으로 고개를 저었다. 언뜻 생각해봐도 매일 바쁜 일상에 쫓겨 시간을 달리는 팀장들인데 한가하게 커뮤니티에 접속하고 있겠는가? 나만해도 일분 일초가 아쉬운 지경인데, 나보다 더 시간을 쪼개야 하는 현업의 팀장들이야 더 말해서 뭣하겠나. 형진이 현실을 너무 모른다는 생각이 들었다.

몇 년 전에 만들었던 리더 커뮤니티가 생각났다. 초급관리자교육 참가자를 위한 온라인 커뮤니티를 야심 차게 만들어 오픈 했었다. 그런데 삼백 명도 넘는 교육 수료생들 중 하루에 접속하는 인원이 열 명을 넘지 못했다. 운영자로서 맥 빠지는 일이었다. 게다가 나도 다른 일을 하면서 시간을 쪼개 커뮤니티를 관리해야 했으므로 늘 시간이 빠듯했다. 별 것 아닌 것처럼 보였지만 제대로 관리하기 위해서는 많은 시간과 에너지를 투입해야 했다. 결국 나도 다른 새로운 일에 밀려 커뮤니티에 투입하는 시간을 더 줄일 수밖에 없었고, 접속자도 점점 더 줄어들었다. 결국 커뮤니티는 폐쇄되고 말았다.

나는 앞으로 전개될 장면이 눈앞에 선명하게 그려졌다. 형진은 이 조직에서 근무한지 얼마 되지 않아 팀장들이 겪는 현실을 체감하지 못하는 듯했다. 게다가 젊은 사원들은 온라인에 친숙하지만 대부분의 팀장들은 인터넷 커뮤니티에 익숙하지 않다. 나는 형진에게 현실적인 문제를 지적했지만, 그는 온라인 커뮤니티의 효과성에 대해 확신하는 듯 상당한 의욕을 비쳤다.

그와 토론을 하다가 갑자기 두 가지 생각이 교차했다. 이번 기회를 통해 형진에게 현실을 생생하게 확인할 수 있는 기회를 제공할 수 있겠다는 것이 첫 번째 생각이었다. 이번 경험은 살아 있는 교훈이 될 것이다. 시도해보고 안되면 그 때 깨닫게 되겠지, 그리고 그의 시각이나 안목도 더 넓어질 것이다. 두 번째는 혹시 그라면 해낼 수 있을지도 모른다는 일말의 기대감이었다. 나는 성공하지 못했지만 그는 다른 방법으로 접근할 수 있을 것이다. 그리고 시간도 많이 지났으니 온라인 커뮤니티에 대한 인식도 많이 바뀌었을지도 모른다. 요즘은 뭐든 인터넷을 활용해서 정보를 찾으니까.

나는 형진에게 온라인 커뮤니티를 개설해서 운영해보라고 했다. 일단 시작했으니 활성화 될 수 있도록 최선을 다하라고도 당부했다. 허락은 했지만 마음 한 구석에 찜찜함이 남아 개운하지 않았다. 그렇지만 일단은 기대해보기로 했다.

　나도 실무자였을 때 어떤 제안을 했는데, 관리자가 과거에 성공하지 못했다는 이유로 거부했을 때 속이 상했었다. 그 때 나는 나름대로 자신도 있었고 어느 정도 확신도 있었다. 내가 리더가 되면 그들처럼 과거의 실패경험 때문에 후배들의 의욕을 꺾지는 않겠다는 다짐을 했었다.

　과거의 경험이 현재를 결정짓는 사례를 많이 본다. 과거의 성공 방식이 오늘 의사결정의 기준이 되고 실패한 사례는 오늘의 새로운 도전에 치명적인 영향을 미친다. 그러나 과거에 성공했던 방식이 오늘 실패로 가는 지름길이 될 수도 있고, 과거 실패의 요인이 오늘 성공을 향한 핵심열쇠가 될 수도 있지 않을까? 시대가 변하고 사람이 변하고 환경이 변한다. 과거는 과거일 뿐 오늘은 어제와는 완전히 다른 날이다. 역사에 비추어 오늘을 경계할 수는 있지만 그것이 현재를 지배하도록 두어서는 안 될 것이다.

"많은 사람들은 실패를 두려워해 아예 시도조차 하려 하지 않는다. 그러나 진정한 의미에서 실패란 해볼 만한데도 하지 않는 것이다. 할까 말까 망설이다 결국 시도하지 않은 것까지 포함해서 실패다."

-《완벽에의 충동(정진홍 저)》

정진홍이 인용한 마르티나 나브라틸로바Martina Navratilova의 말처럼 시도조차 하지 않는 것도 실패다. 시도조차 하지 않는다면 완벽한 실패지만, 시도하는 것 자체로도 단 1%의 성공 가능성을 안고 있는 셈이다. 그렇다면 선택은 분명하다.

기대에 미치지 못하는 후배,
어떻게 해야 할까?

오후에 김정훈 대리를 불렀다. 이틀 전에 지시한 보고서가 어느 정도 진척이 되었는지 궁금했다. 그런데 김 대리가 내민 보고서를 보는 순간 얼굴이 달아올랐다. 보고서 어디에도 고민한 흔적은 찾아볼 수 없었다. 지난 번과 달라진 것이라고는 보고 날짜와 단어 몇 개 밖에 없었다. 상무님 보고가 바로 코앞인데 그는 아직 밑그림조차 그리지 못하고 있었다. 나는 가슴이 답답했다. 김 대리의 보고서는 보고의 콘셉트를 잡는 것도 문제였지만, 전체적인 흐름도 매끄럽지 않을뿐더러 낱말과 문장이 제각각으로 펼쳐져 있어 핵심적인 메시지가 무엇인지 분명하지 않다. 논리도 불분명하고 방향도 명확하지 않다. 무엇을 하겠다는 것인지 도무지 알 수가 없었다.

벌써 몇 번째인지 모르겠다. 몇 번을 지적해도 변화가 없었다. 게다가 김 대리는 보고를 하기로 약속한 날짜를 넘겨서, 그것도 내가 어떻게 됐냐고 물어보아야 겨우 주섬주섬 챙겨 온다. 처음에는 업무가 바빠서 그러려니 했다. 그런데 똑같은 일이 몇 번 반복되자 그에 대한 믿음이 점점 옅어져 갔다. 그가 진행하고 있는 업무는 사소한 것 하나까지 내가 봐주지 않으면 일이 제대로 진행되지 않을 것만 같았다. 그렇다고 대리 직급을 달고 있는 사람을 일일이 간섭할 수는 없는 노릇이다. 오늘은 보고서를 내가 직접 써버리는 게 차라리 속 편하겠다는 생각마저 들었다.

나는 김 대리에게 회의실에서 잠깐 보자고 했다. 늘 그렇듯 김 대리는 사람 좋은 웃음을 지으며 마주 앉았다.

"김 대리, 오늘 김 대리 보고서를 봤을 때 솔직히 당황스러웠어요. 몇 번이나 반복해서 이야기해도 변하는 게 없는데 다음 주까지 상무님께 보고를 드릴 수 있을까요?"

나는 어떤 표정도 짓지 않은 채 단호한 목소리로 말했다.

"도대체 무엇 때문에 그래요? 방향도 이미 제시했고, 형진이와 논의해서 세부적인 내용을 구성하라고 했잖아요?"

내가 말을 하는 동안 김 대리의 얼굴에 웃음이 사라지고 살짝 긴장된 듯 표정이 식어가고 있었다.

“네, 나름대로 생각도 해보고 형진이와 이야기도 나누면서 전체적인 흐름은 어느 정도 가닥을 잡았는데 보고서를 어떻게 구성할 지 논의를 더 하려구요……”

김 대리의 음성은 충청도 출신답게 약간 느리기는 했지만 잡티가 없이 매끄러웠다.

“아무튼, 좀 서둘러 주었으면 좋겠어요. 다음주에 상무님께 보고 드리려면 이번 주 내로 부장님께 보고를 마쳐야 합니다. 보고서 작성하는 건 박형진이 논리적으로 잘 하니까 상의해서 가능하면 내일까지는 수정본을 보여주세요.”

“네, 그리하겠습니다.”

대답하는 김 대리의 얼굴에 다시 미소가 번진다. 심각할 수도 있는 상황에서 느긋하게 웃음을 짓는 그가 이해되지 않았지만, 한편으로는 어디서 저런 여유가 나오는지 부럽기도 했다. 내일까지 또 보고서가 진척되지 않으면 내가 직접 수정을 다 해야겠다고 생각하며 회의실을 나왔다. 모레까지는 부장님께 보고를 드려야 하기 때문이다.

돌아와 가만히 생각해보니, 결국 나는 김 대리의 자존심을 많이 상하게 했다. 김 대리 자신이 해야 할 일을 후배와 상의해서 보고서를 구성하라고 했으니, 기분이 좋지는 않았을 것이다. 사실 업무를 진행하다가 막히면 누구에게라도 도움을 구할 수 있다. 그런데 이것도 자신이 스스로 선택한 경우에는 문제가 되지 않겠지만 상사가 지시한 경우라면 사정은 달라질 수 있을 것이다. 상사가 자신의 능력을 믿지 못해 후배에게 도움을 받아 업무를 처리하라고 한 것이나 다름없기 때문이다. 여기까지 생각이 미치자 김 대리에게 미안한 마음이 들었다. 그나마 회의실로 김 대리를 불러서 말한 건 천만다행이다. 그의 기분을 상하게 하지 않으면서도 박형진의 도움을 받을 수 있는 방법이 있었을 것인데 내 생각이 짧았다.

가을, 수확의 길목에서

날이 시원해졌다. 리더의 마음도 그만큼 넓어졌다.
리더로서의 업무가 조금씩 손에 익어가면서
이제 그의 고민은 팀과 부서 차원으로 진화한다. 리더십 여정이 깊어진다.

관계의 핵심은 신뢰

주말에 7번 국도를 타고 동해를 달렸다. 푸른 바다를 끼고 달리는 길은 시원했고, 가을 바다는 고요했다. 한 여름을 뜨겁게 달구던 열기가 빠져나간 해변에는 지난 날의 추억을 담은 빈 깡통이 뒹굴고 있었다. 간간이 보이는 옅은 주황빛 신갈나무잎이 가을이 머지 않았음을 예고하고 있었다. 이제 곧 나뭇잎들은 마른 햇살에도 몸이 다 부서질 것이다. 인공의 소음에서 멀어진 수 만년 전 원시의 바다는 육중한 몸을 뒤척이고 있었다. 동해 여행은 마치 시간을 거슬러 과거를 달리는 것 같다.

"같은 강물에 발을 두 번 담글 수는 없다."
그리스의 철학자 헤라클레이토스가 한 말이다. 책을 읽다 인상적인 문구를 만나면 눈이 번쩍 뜨인다. 내 마음속에 담고 있던 생각을 어쩌면 이렇게 간결하면서 핵심을 정확히 찔러 낼 수 있을까? 같은 강물에 발을 두 번 담글 수는 없다. 세상 만물은 늘 변하기 마련이라는 의미다. 강의 똑같은 지점에 발을 담근다 하더라도 그 때의 강물은 이전에 담그던 그 물이 아니라는 뜻이다. 조금 극단적이긴 하지만 18세기 영국의 철학자 흄은 ‘어젯밤 책상 위에 놓아둔 연필은 아무도 건드리지 않았다 해도 그것이 오늘 이 연필과 같은 것인지 확신할 수 없다.’고 말했다.

어젯밤 잠들기 전의 나와 오늘 아침의 나는 분명 다르다. 눈에 보이지는 않지만 잠든 동안 머리카락이 자라고 손톱이 길어질 것이다. 수명을 다한 세포가 생을 멈춘 자리에는 싱싱한 세포가 새 삶을 시작한다. 어제 하루만큼의 새로운 경험이 축적되어 시야가 조금 더 넓어졌을 것이다. 간 밤에 읽었던 한 줄의 글귀가 기억의 한 켠을 채우고 있다. 마침내 며칠 동안 피아노 건반 위에서 춤추던 손가락이 악보를 기억하고 한 음도 틀리지 않게 된다. 도저히 일어날 수 없을 것 같은 마지막 한 번의 윗몸 일으키기가 복근의 형상을 선명하게 만들었다.

물론 변화가 늘 이렇게 긍정적인 방향으로만 일어나는 것은 아니다. 과음으로 몸이 피폐해지기도 하고, 아무 생각 없이 시간을 죽이는 동안 노화가 진행되기도 한다. 의식하던 의식하지 않든 어떻게든 시간은 흘러가고 어떻게든 변화는 일어나게 된다. 그러나 흘러가버린 강물이 다시 돌아오지 않듯 지나가버린 시간은 되돌릴 수 없다. 좋은 변화를 만들어야 하는 이유다. 조금씩 만들어낸 변화는 어제보다 조금 더 나은 오늘을 만드는 소중한 재료가 된다. 어제 쌓은 변화 위에 오늘 벽돌 하나를 더 얹으면 날마다 오늘이 내 생애 최고의 순간이 될 것이다.

얼마 전에 전 사원을 대상으로 최고의 리더와 최악의 리더가 어떤 사람인지를 묻는 설문조사 결과가 사보에 실렸다. 최악의 리더 다섯 가지 유형은 다음과 같았다.

1. 해바라기형 리더
2. 독선적이고 권위적인 리더
3. 무임승차형 리더
4. 이지메형 리더
5. 감성결핍형 리더

해바라기형 리더는 정치적인 리더다. 강자에게는 절대복종하고 부하 위에 군림한다. 흔히 '자전거를 잘 타는 사람'이라고 이야기하기도 한다. 자전거를 잘 타려면 두 발로 페달을 열심히 밟아야 하고, 머리는 위아래로 분주히 움직여야 한다. 페달은 부하들이고 머리를 굽실거리는 대상은 윗사람을 의미한다. 윗사람에게 충성하고 아래 사람을 혹사 시키는 유형인데, 구성원들에게 과도한 업무를 부여함으로써 그들 삶의 질을 저하시키는 데 크게 기여한다.

독선적이고 권위적인 리더는 일명 '나르시스트형 리더'라고도 하는데, 모든 사물이나 사건이 자신을 중심으로 돌아가야 한다고 믿는 사람이다. 모든 사람이 자신에게 관심을 가져야 하고 세상의 중심은 자신이라 믿는다. 따라서 관심의 대상에서 멀어지면 질투심이 발동하여 이상행동을 보인다. 이들의 공통적인 특성은 일방적인 의사결정과 통보, 부하의 의견 무시로 요약된다. 리더의 지시에 대해 의견을 제시하거나 부정적인 반응을 보이는 것은 자신의 권위에 대한 도전으로 인식한다. 자신의 일정에 따라 구성원들이 행동하도록 하고, 업무시간과 개인적인 용무를 위한 시간과의 경계가 모호하다. 자신이 제왕이라 착각하는 사람이다.

무임승차형 리더는 부하들의 헌신과 희생 덕분에 직장생활을 영위하는 사람이다. 실력 좋은 부하들 덕분에 자신의 무능이 감추어지는 아주 운이 좋은 케이스다. 그런데 마치 자신이 모든 것을 해낸 듯 자랑하며 후배들의 공을 가로채면서, 책임을 져야 할 일이 있으면 후배들에게 전가한다.

이지메형 리더는 자신의 눈 밖에 난 부하를 홀대하고 왕따시키는 유형이다. 일을 잘하고 못하고를 떠나 자신과 얼마나 친한가 즉, 근접도와 친밀도에 의해 부하를 평가하는 유형이다. 근접성에 따라 평가를 하게 되면 부하들이 일을 열심히 하기보다 리더의 비위를 맞추기 위해 에너지를 쓰게 되고 경쟁하게 된다. 팀워크가 깨지는 지름길이다. 이런 유형의 리더가 맡고 있는 조직의 구성원들 사이에는 늘 어르렁거림이 있을 뿐 화합하지 못한다. 시너지를 낼 수가 없다.

마지막으로 감성결핍형 리더는 오직 일 밖에 모르고 구성원 개개인의 고충은 아랑곳 하지 않는 유형이다. 사람을 성과 달성의 수단으로 여기고 몰아친다. 팀원이 감기에 걸리면 '그쯤은 정신력으로 이겨낼 수 있다.'고 한다.

기타 의견으로 말과 행동이 다른 리더, 칭찬과 격려에 인색하고 질책하길 좋아하는 리더, 막말하는 리더(부하사원을 공개적으로 질책하고 인격 모독적인 발언을 일삼는다), 늦게 퇴근하는 것을 미덕으로 알고 일찍 퇴근하면 '일 없나 보지? 일 좀 더 줄까?' 하고 말하는 리더, 감정 상태에 따라 일태도가 바뀌는 리더 등이 언급되었다.

반면, 최고의 리더로 선정된 다섯 가지 유형은 민주적이고 개방적인 리더, 개인을 배려하고 칭찬하는 리더, 공정하고 정직한 리더, 성과는 부하에게 돌리고 책임은 본인이 지는 리더, 스스로 역량을 개발하고 구성원의 성장을 지원해주는 리더 순이었다.

관계의 핵심은 신뢰다. 리더의 모든 행동은 구성원의 신뢰를 얻는 것과 연결된다. 최고의 리더와 최악의 리더 특성도 구성원들의 신뢰 형성에 중요한 영향을 미치는 요소들이다. 리더가 구성원들로부터 신뢰를 받기만 한다면 무엇이든 할 수 있다. 반면 신뢰를 얻지 못하는 리더는 실패할 수밖에 없다.

구름 한 점 없는 파란 하늘과 맞닿은 수평선은 끝이 뾰족한 연필로 선을 그어 놓은 듯하다. 출렁이는 태고의 바다를 뒤로하고 내륙으로 접어들 때 도로 양 쪽 산자락에 석양을 받은 나뭇잎들이 황금빛을

튕겨낸다. 간혹 보이는 무채색의 갈색과 주황색 활엽수들이 묘한 여운
을 남기며 떨어진다. 여름이 정말로 지는구나. 뜨거웠던 날을 지나 더
깊어지고 익어가는 계절 속으로 빨려 들어간다. 나의 리더십 여정도
깊어가길 기대해본다.

팀의 날씨는
내 기분에 따라 바뀐다

아침부터 팀원들의 표정이 어두웠다. 사무실이 조용했다. 누구 하나 소리 내는 사람이 없었고 전화조차 최대한 목소리를 낮춰 받았다. 평소의 떠들썩하던 사무실 분위기와는 완전 딴판이었다. 게다가 팀원들이 가끔씩 나를 힐끔힐끔 쳐다보고 있었다. '무슨 일이라도 있는 건가?' 이상하게 생각하고 있는데 병국이 다가와 특유의 장난기 가득한 말투로 물었다.

"팀장님, 무슨 일 있으세요? 왜 그렇게 인상을 쓰고 계세요?"

"엉? 별일 없는데, 왜 그래?"

"팀장님이 그렇게 심각하게 있으니까 다들 긴장하고 있잖아요. 좀 펴세요."

"아, 내가 그랬나? 미안해. 나 때문에 그럴 필요 없는데……. 어제 그 S업체 사람들하고 다툰 것이 찜찜해서 어떻게 해야 할지 계속 고민이 되어서 생각 좀 하느라고 그랬어……. 별 일 아니니까 신경 쓰지 말아, 미안해."

"야, 야, 팀장님 아무 일 없으니까 다들 비상해제야~."

그는 내 어깨를 몇 번 주무르며 팀원들을 향해 큰 소리로 외쳤다.

"아침부터 분위기 잡아서 미안해~. 비상해제야!"

나는 미안한 마음이 들어 자리에서 일어나 두 팔을 들어 일부러 기지개를 크게 한 번 편 다음 약간 과장된 목소리로 팀원들을 향해 말했다. 팀원들이 웃음을 지으며 나를 쳐다보았다. 나는 멋쩍은 표정을 하며 두 팔을 옆으로 펼쳐 보였다.

잠깐 동안의 해프닝이었지만 많은 생각을 하게 만든 사건이었다. 나는 여느 때와 같이 이른 아침 출근을 해서 어제 오후부터 붙들고 있던 문제를 어떻게 처리해야 할지 고민하고 있었다. 복잡하게 얽힌 과정을 풀어나갈 방법을 찾고 있었지만 쉽지 않았다. 골똘히 생각하느라 주변에서 벌어지고 있는 일을 전혀 알아채지 못했다. 나중에 병국이한테 들어보니 나는 팀원들이 출근하면서 건네는 인사도 받는 둥 마는 둥 했다고 한다. 그나마 몇 번은 인사조차 하지 않았다고 한다. 그러면서 눈을 감고 생각에 잠기는가 싶더니, 컴퓨터 화면을 바라보기도 하고 수첩에 뭔가를 적기도 하면서 심상치 않은 분위기를 풍겼다고 했다. 팀원들은 자리에 앉자마자 동료들과 내가 왜 그러고 있는지 수군거렸지만 잡히는 게 없었고, 다만 내게 뭔가 좋지 않은 일이 있었음에 틀림없다는 결론을 내렸다고 한다. 그리고는 서로에게 조심하자는 신호를 보냈고, 사무실에는 한랭전선주의보가 내렸던 것이다.

사무실의 분위기는 리더에 의해 좌우된다. 리더가 어떤 특성을 가진 사람이냐에 따라 전반적인 일터 분위기가 결정되고, 리더의 기분에 하루의 사무실 날씨가 영향을 받는다. 비가 오면 우산을 준비하고 추우면 내복을 입거나 두꺼운 외투를 걸치듯, 리더의 일기변화에 따라 팀원들은 빠르게 대응한다.

팀원들끼리 모이면 팀장의 날씨 변화에 대해 자주 이야기를 한다. 당일 상사의 분위기에 따라 적절하게 대응을 해야 하기 때문이다. 특히 중요한 보고를 앞두고 있거나 결재를 받아야 할 경우라면 상사의 표정을 살피지 않을 수 없다. 어떤 이유로든 상사가 저기압일 때 보고서를 내밀었다간 정말 잘 해야 본전인 경우가 많다. 보고서의 품질이라도 좋으면 그나마 다행이지만, 오류라도 하나 발견되는 날에는 폭탄을 맞기 십상이다. 게다가 상사가 원하는 방향과 맞지 않은 경우에는 대형사고로 이어질 수도 있다. 리더도 사람인지라 감정에 지배를 받기 때문이다. 평소에는 별 것 아닌 작은 일이라도 저기압 상황에서는 증폭되어 폭발력이 가공할 만한 수준으로 돌변할 수 있다. 반면 상사의 기분이 화창한 때를 틈타 각종 사건사고(?)나 업무진행 과정에서 발생한 문제 등을 넌지시 보고 하면 큰 손실을 입지 않는 경우가 많았다. 운이 좋다면 상사가 그냥 한 번 웃고 넘길 수도 있다.

리더도 사람인 이상 살아가면서 항상 기분이 좋을 수는 없다. 개인적인 일 때문에 혹은 일을 하는 과정에서 힘들 때도 있고 화가 나는 일을 겪기도 한다. 그렇지만 리더는 개인적인 감정은 적절히 조절할 수 있어야 한다. 사실, 나는 감정을 잘 드러내는 편이다. 기분이 좋으면 표정을 밝게 하고, 슬프면 눈물을 흘리고, 화 나는 일이 있으면 화를 낸다. 또 심각한 일이 있으면 얼굴에 '나 심각하다'고 써 놓고 다닌다고들 한다.

나는 자신의 감정을 잘 드러내지 않는 사람은 쉽게 믿지 않았다. 화가 나는 일이 있더라도 상대방에게 웃음을 짓는 사람을 보면 가식적인 사람이라 여기고 그를 경계했다. 내 앞에서는 웃고 있지만 마음 속에 어떤 비수를 감추고 있는지 알 수 없기 때문이다. 나는 그런 사람을 신뢰할 수 없었고 가까이 하지 않으려 했다. 그러나 감정을 표출하는 것이 반드시 좋은 것은 아닐 수 있음을, 특히 리더라면 감정을 통제할 수 있어야 함을 명심해야겠다.

예전에 함께 일했던 팀장 한 분은 철저한 포커페이스였다. 함께 일하는 동안 나는 그분이 화를 내는 모습을 한 번도 본 적이 없었다. 어떤 일에 맞닥뜨리더라도 그분은 미소를 잃지 않았다. 우리끼리 모이면 그의 마음 속에 능구렁이가 몇 마리나 들어 있는지 도무지 알 수 없다는 이야기를 하곤 했었다. 표정도 표정이지만 말도 늘 한결같은 톤과 속도를 유지했다. 결코 흥분하지 않았으며 우울해 하지도 않았다. 언제나 평정을 유지했다. 내가 실수를 해도 호통을 치거나 화를 내지 않았다. 가끔은 인간의 경지를 넘어선, 딴 세상 사람처럼 여겨지기도 했다.

이 정도까지는 아니더라도 최소한 부정적인 표현을 줄이는 연습을 해야겠다. 기분이 좋을 때는 호탕하게 웃기도 하지만 나의 감정 변화 때문에 팀원들이 나의 눈치를 보게 해서는 안되겠다는 의미다. 특히 개인적인 일 때문에 팀원들에게 영향을 미쳐서는 안될 것이다. 한비자 韓非子는 군주의 요건 중 하나로 부하를 대할 때 좋아하거나 싫어하는 감정을 보이지 않는 것을 제시했다. 군주가 신하에게 호불호好不好의 감정을 보이게 되면 신하는 상사의 비위를 맞추는 데 모든 관심과 정력을 쏟는다. 일에서 성과를 만들어 내는 것보다 상사의 기분을 맞추는 것이 최우선 과제가 된다. 조직이 망하는 징조다. 나 한 사람의 표정이 함께 일하는 사람들의 하루를 결정지을 수 있기 때문에 가능한 밝은 분위기를 연출해야겠다고 다짐해 본다.

많이 웃어야겠다. 기분 나쁜 일이 있더라도 웃을 수 있도록 해봐야겠다. 출근하기 전에 거울을 보며 웃고, 화장실 갈 때마다 거울을 보며 웃고, 책상 위에 놓인 거울을 보며 또 웃는 연습을 해야겠다. '좋은 리더'가 되기가 정말 어렵다.

리더는 구성원의 사생활까지 배려해야 한다?

"내가 그들의 사생활에까지 신경을 써야 합니까?"

점심식사를 하고 벤치에서 영업팀의 팀장 한 명과 이야기를 잠깐 나누었다. 팀원들에 관한 이야기를 나누다가 그가 하소연을 했다. 그는 억울하다는 듯한 표정이었다. 그는 최근 상사로부터 리더십에 관한 피드백을 받았다고 한다. 그의 업무능력은 타의 추종을 불허할 만큼 탁월한데 팀원들에게 너무 무신경하다는 것이다. 그래서 팀원들이 그에게 인간적인 친밀감을 느끼지 못하고 있다고 했다. 그의 상사는 한국적인 정서에서 팀원들이 팀장에게 인간적인 친밀감을 느끼지 못하면 리더로서 영향력 발휘에 문제가 있을 수 있다며 리더십의 문제로까지 연결시켰다.

그러나 그는 납득하지 못하겠다고 했다. 회사라는 조직은 사람들이 일을 하기 위해 모인 곳이므로 그 일을 통해 성과를 창출해내는 것이 가장 중요한 목적이 되어야 하지 않느냐고 내게 물었다. 그는 조직 내에서 업무 성과를 달성하기 위해 관계를 맺는 것 외에 자연인으로서의 인간적 관계는 별개로 다루어져야 할 성질의 것이라 생각한다고 했다.

"도대체 내가 어디까지 관심을 가져줘야 하는 겁니까?"

그는 일을 떠나 리더가 구성원의 생활이나 삶에 관여하는 것은 사생활 침해가 아니냐고 반문했다. 아무리 조직책임자라 하더라도 지나치게 개인적인 일에까지 개입하는 것은 옳지 않다는 것이다. 또 구성원도 개인적인 문제를 조직생활로 끌고 들어와서는 안 된다고 믿고 있었다. 개인적인 삶과 조직의 생활은 철저히 분리되어야 한다는 생각이었다.

그를 어느 정도 이해할 수 있었다. 아침에 출근하면 읽어야 할 이메일만 수십 건에 달하고, 수시로 발생하는 긴급한 일들과 싸우다 보면 시간이 어떻게 지나가는 줄도 모르게 하루를 보내는 것이 이 시대 리더들의 삶이다. 일 처리에 문제가 생기기라도 하면 여기저기 불려 다니고 밤을 새야 한다. 팀원 개인이 가진 사생활에까지 신경을 써줄 여력이 솔직히 없다. 하루가 살얼음판이고 눈을 뜨면 해결해야 할 과제들이 산더미처럼 쌓여 있는 판에 숨돌릴 여유조차 사치스럽다. 그저 아무런 문제가 없기를 기도하는 수밖에……. 게다가 다들 자신의 일에 책임을 질 수 있는 성인들 아닌가? 그렇다면 개인적인 고민이나 문제는 스스로 해결할 수도 있지 않을까? 나도 그렇게 생각했었다. 그의 의견은 틀리지 않았다. 그러나 동시에 그의 의견은 틀리기도 하다.

요즘 많은 기업들이 구성원 개인이 겪는 고충이나 문제 해결을 도와주기 위해 상담실을 운영하고 있다. 개인적인 일에 조직이 왜 관심을 가지고 개입할까? 사실 아무 걱정 없이 일생을 살아가는 사람은 없다. 사람들은 살아가면서 어떤 일 때문이건 어려움에 부딪치기 마련이고 고민도 하게 된다. 이성관계 때문에 힘들어 하기도 하고, 경제적인 문제로 어려움을 겪기도 한다. 부모나 아이, 배우자 등 가족이나 본인의 건강 문제 때문에 걱정을 하기도 한다. 자녀 양육 문제, 친구와의 관계에서 오는 스트레스, 진로 고민 등 개인이 겪는 문제는 끝이 없다. 게다가 업무와 관련된 갈등, 조직 내 인간관계 등 직장 내에서 빚어지는 문제에 이르기까지 사람들은 늘 문제와 더불어 살아간다.

조직의 입장에서는, 이런 고충은 조직의 성과에 직접적으로 영향을 미치기 때문에 관심의 대상이 될 수밖에 없다. 지난 주말 친구와 심하게 다투고 나서 마음이 편치 않은 팀원에게 창조적인 기획안을 기대할 수 있을까? 학교에 적응하지 못하는 아이 때문에 속이 상한 채 출근한 팀원이 제대로 업무에 집중할 수 있을까? 하루하루 눈덩이처럼 불어나는 대출이자 생각에 밤잠을 설치는 팀원은, 몸은 비록 사무실에 있어도 마음은 딴 곳에 있을 수밖에 없다. 사람은 감정의 동물이기 때문에 감정 상태에 따라 생산성은 영향을 받는다. 비록 개인적인 문제라도 조직차원에서도 해결되어야 할 대상이다.

조직의 목표를 효율적이고 효과적으로 달성하기 위해 리더는 업무를 잘 관리해야 함과 동시에 사람도 잘 보살펴야 한다. 일은 결국 사람이 한다는 관점에서 볼 때, 어쩌면 사람을 보살피는 것이 리더의 근본적인 역할일지도 모르겠다. 즉, 사람을 통해 일을 관리하는 것이다.

물론 그들의 고민이나 문제를 내가 모두 해결해 줄 수는 없다. 그들 역시 내게 대안을 기대하는 것은 아닐 것이다. 팀원의 문제를 내가 해결해주거나 방법을 제시해줄 수 있다면 더 할 나위 없겠지만 진심으로 그들의 고민을 들어주고 해결방안을 함께 모색해주는 과정 자체가 그들에게 힘이 되어주는 것이 아닐까? 그들의 감정에 깊이 공감해주고 함께 아파해주는 것, 구성원에게 한 걸음 더 다가서는 길이며 관계를 더 공고히 하는 출발점이 될 것이다.

수시 인센티브,
누구를 주어야 할까?

수시 인센티브 수상자를 선정하기 위한 회의가 있었다. 부장님과 나를 포함한 세 명의 팀장이 모여 팀원 중 누구를 선정할 것인지 논의하는 자리였다. 지난 번까지는 부장님이 상무님과 상의해서 포상을 했는데 이번에는 팀장들과 논의를 해서 정하기로 하셨다고 한다. 수상자는 한 부서에 한 명이다. 부장님이 누구를 대상자로 하면 좋을 지 우리의 의견을 물었다. 우리는 각 팀에서 한 명씩을 추천해 최종 수상자를 결정하기로 했다. 그런데 나는 형진과 지성, 두 명을 추천했다. 나머지 팀에서는 한 명씩 추천하는 데 왜 두 명을 추천하느냐고 다른 팀장이 핀잔을 주었다. 두 사람 모두 최근에 열심히 했고 상무님도 만족할 만한 성과를 거두었다고 칭찬을 몇 번씩이나 했기 때문에 우열을 가리기가 어려워 두 명을 동시에 추천했다고 너스레를 떨었다.

팀장들은 각자 자신이 추천한 팀원들이 최근 만들어낸 성과를 조목
조목 열거했다. 같은 부서에 있다고는 하지만 다른 팀에서 추천한 팀
원이 최근에 어떤 일을 얼마나 열심히 했는지, 그래서 어떤 성과를 일
구어냈는지 자세히 알지 못했다. 내 팀의 일을 챙기는 것만해도 벅찬
데 다른 팀에서 일어나는 일까지 세세하게 파악하고 있기란 쉽지 않
다. 매주 금요일 상무님이 주재하는 회의에서 주간 실적과 차주 계획
을 보고하기 위해 다른 팀의 일을 알아보기는 하지만 그들이 어느 정
도의 에너지를 쏟고 있는지 나는 알지 못했다.

그렇지만 내 팀에서 일어나는 일은 팀원들의 눈빛만 보아도, 숨소리
만 들어도 알 수 있었다. 그러므로 나는 내 팀원들이 누구보다 열심히
일을 했고 빛나는 성과를 거두었다는 점을 자신 있게 주장할 수 있었
다. 두 팀장도 마찬가지였을 것이다. 게다가 팔은 안으로 굽는다고 하
지 않던가? 나는 당연히 내 팀원이 상을 받기를 원했다. 게다가 우리
팀에서 인센티브를 가져오지 못한다면 구성원들이 나를 어떻게 생각
할까? 자신의 후배들을 잘 챙기지 못하는 리더로 인식하지는 않을까?
걱정도 되었다. 나는 형진과 지성이 그 일을 해내기 위해 얼마나 많은
고민을 했으며 또 얼마나 많은 날들을 지새웠는지, 그래서 얼마나 훌
륭한 성과를 거두었고 고객들로부터 어떤 찬사를 받았는지 분명한 어
조로 말했다. 최종 결정은 부장님이 하겠지만 우리 세 사람은 마치 선

거유세라도 하듯 조용한 열변을 토해냈다.

인센티브와 관련하여 가장 이슈가 되는 것이 대상자 선정의 공정성이다. 누가 봐도 받을만한 사람이 받게 된다면 전혀 문제가 되지 않는다. 문제는 많은 사람이 동의하지 않은 경우다. 인센티브 수상자는 공개하지 않는 것을 원칙으로 한다. 누가 받았는지 알려지게 되면 동료들의 위화감이 조성된다는 이유다. 그런데 실상은 누가 받았는지 어떻게든 알려지게 되어 있다. 인센티브 시즌에 동료들의 표정을 살펴보거나 몇 명이 모여 이야기를 나누다 보면 이번에 누가 받게 될지 충분히 짐작할 수 있다. 그래서 대상자 선정 문제는 여간 신경이 쓰이는 게 아니었다.

얼마 전에 미정과 이야기를 나누다가 우연히 인센티브 이야기가 나왔다. 그녀는 자신이 인센티브를 받지 못하는 데 불만은 없었다. 그러나 자신이 생각해서 자격이 없다고 여겨지는 사람이 받게 되면 화가 날 것이라고 했다. 그렇다고 해서 매번 동일한 사람이 계속 수상을 하게 된다면 그것 또한 불만일 것이다.

사람이란 묘하다. 탁월한 성과를 낸 사람에게 보상이 주어지면 누구나 불만이 없을 듯하지만, 한 사람이 보상을 독점하게 될 때는 사정이 달라진다. 그는 질투의 대상이 된다. 그래서 공정성을 기해야 하지만 전체적인 균형도 함께 감안해야 한다. 반면 '나누어 먹기' 식으로 팀원이 순서대로 받게 되면 실제 성과를 많이 창출한 구성원이 불만을 가지게 된다. 이래저래 어렵다. 그 전에 부장님이 이런 고민으로 얼마나 두통을 앓았을지 짐작이 되었다. 아마도 부장님은 이번에는 고통을 우리와 함께 나누려 하시나 보다.

타이밍도 문제가 된다. 수시 인센티브는 '즉시 보상'이라는 의미에서 실시하고 있는 제도인데, 성과가 발생한 시점에서 많은 시간이 흘러 사람들의 기억에서 잊혀져 갈 무렵에 느닷없이 주어진다면 본래의 취지를 살리지 못할 수 있다. 받는 사람도 감격이 덜할 것이고 동료들도 감흥이 줄어들 것이기 때문이다.

'공정성과 안배, 그리고 타이밍'. 그러나 그것보다 내 마음속에 더 크게 자리잡고 있는 건 내 팀원이 받도록 해야 한다는 압박이다. 이번에는 다행히도 내가 추천한 팀원 중 한 명이 선정되었다. 그나마 팀원들에게 당당할 수 있겠다. 그런데 다음 번에도 우리 팀에서 받을 수 있을까? 너무 이른 걱정일까?

후배와 어느 정도 거리를
유지하는 것이 좋을까?

"잘 모르겠어요. 팀장님이 좀 해주세요."

전사 어학교육 체계를 개선할 방안을 마련해보라는 부장님의 지시를 미정에게 설명하고 초안을 만들어 같이 이야기해보자고 했다. 내 말에 미정이 웃으며 대답했다. 나는 농담이거니 생각하고는 같이 웃었다. 그리고는 '장난하지 말고 빨리 해~!!'라며 짐짓 험상궂은 인상을 지어 보였다.

"장난 아니라니까요. 진짜 어떻게 해야 할지 잘 모르겠어요. 팀장님이 초안 잡아 주시면 안될까요?"

미정은 웃음을 머금고 있기는 했지만 정말로 어찌해야 할지 모르겠다는 눈빛이었다. 난처했다. 자료를 찾아보고 주변의 의견도 구하고 하면서 시도하다 보면 방법도 있을텐데……. 며칠 전에 미정이가 너무 바빠 보여 그녀가 해야 할 일을 내가 대신 해준 적이 있었다. 그런데 오늘은 좀 지나치다는 생각이 들었다. 무어라 해야 할지 난감했다.

"그럼 오후에 같이 논의해서 초안을 잡고, 네 생각을 보태서 정리해 봐."

라며 약속하고 마무리 지었지만 개운치가 않았다. 그녀는 내가 자신의 도움 요청을 거절한 것으로 받아들이고 서운해 했을지도 모르겠다. 그런데 나로서도 그녀를 대신해서 일을 처리해줄 수는 없었다. 물론 내가 그 일을 직접 하게 되면 그녀보다 더 빨리 더 나은 품질의 결과를 만들어낼 수 있을 지도 모른다. 그런데 그녀의 과제는 내가 대신 해주면서 다른 팀원의 과제는 그들이 직접 수행하도록 요구한다면 다른 팀원들이 분명 불만을 가지게 될 것이다. 그렇다고 해서 다른 팀원들이 요청할 때 다 들어줄 여력도 없다. 또한 그녀의 일을 내가 대신 하게 되면 그녀의 능력향상도 기대하기 어려울 것이다. 스스로 일어나는 연습이 필요하다.

친밀감은 일을 함께 하는 과정에서 자연스레 쌓인다. 팀워크를 이루는 기반이 되어주기도 하므로 친밀감이란 조직 구성원들간에 필수 호르몬이다. 조직 책임자들이 회식이나 스포츠 활동 등 구성원들간의 친밀감을 높이는 활동을 의도적으로 계획하는 것도 이 때문이다. 그런데 너무 가까워도 이런 난처한 상황에 부딪치게 될 수 있다니……. 물론 리더가 구성원들로부터 심리적으로 멀리 떨어지면 외롭다. 도대체 그 거리를 어느 정도로 유지해야 하는 걸까?

"고슴도치 두 마리가 추위에 떨고 있었다. 그들은 서로의 몸을 밀착시키면 추위를 어느 정도 견딜 수 있을 것이라 생각했다. 같은 결론에 이른 그들은 서로의 몸을 바짝 붙였다. 그 순간 두 마리 모두 서로의 가시에 찔려 비명을 질렀다. 그들은 밀착과 떨어짐을 반복하면서 적정거리를 찾아갔다. 마침내 서로에게 상처를 주지도 않으면서 체온을 나눌 수 있는 거리를 찾았다."

너무 멀리 떨어져 있으면 둘 다 춥고 지나치게 가까이 붙어 있으면 서로에게 상처를 주는 고슴도치처럼, 리더와 구성원도 적정한 거리가 필요한 것일까? 너무 가까이 다가가면 서로에게 너무 편하게 되어 공公과 사私를 구분하지 못한다거나, 조직에서 상사와 부하 사이에 지켜야 할 질서가 허물어져 문제가 될 수 있을 것이다. 자칫 주변에서 그 팀원의 태도를 버릇없음으로 받아들일 수도 있다. 상사 또한 구성원을 편애하는 것으로 인식될 수 있다.

게다가 특정 구성원과 리더가 지나치게 가까이 지내게 되면 시샘을 받을 수도 있다. 얼마 전에 상일이 '팀장님은 미정이와 너무 친하신

거 아니에요?'라고 웃으며 지나가는 듯한 말을 내게 툭 던진 적이 있었다. 그는 내가 그보다 미정이와 더 가까운 거리에 있다는 생각에 서운함이 있었던 건 아닐까? 사람은 감정에 지배당하는 동물인지라 리더도 개별 구성원들과의 친밀한 정도에 차이가 있기 마련이다. 그런데 구성원들이 이를 눈치채게 되면 그들 사이에 보이지 않는 틈이 생길 수도 있다. 그러나 이런 것들은 숨길래야 숨겨지지도 않는다. 이래저래 리더이기 때문에 조심해야 할 것도 많고 가려야 할 것도 많다. 리더를 잘 한다는 것은 역시 힘들다.

내 판단이
항상 옳다는 근거는 없다

오늘도 정신 없이 바쁜 하루였다. 교육 과정 개발 프로젝트 세 개가 동시에 진행되고 있고 새롭게 도입되는 교육 과정이 또 네 개나 운영되고 있다. 매주 한 번씩 부장님을 모시고 프로젝트 진행 상황을 보고해야 한다. 나는 부장님 보고 전에 사전점검을 하고 팀원들과 더 나은 아이디어를 만들어 내기 위해 고민한다. 그러다 보니 이틀에 한 번씩은 서너 시간씩 신규 개발 프로젝트에 시간을 투입하고 있다. 팀원들은 자신의 프로젝트 하나에만 집중하면 되지만 나는 모두 다 검토를 해야 하기 때문에 팀원들보다 더 정신이 없고 바쁘다. 물론 그들 역시 자료를 찾고 정리하는 데 바쁜 시간을 보내지만 제대로 된 방향을 제시하고 완성도 높은 결과물을 만들기 위해서는 나도 그들 못지않게 꼼꼼하게 살펴야 한다. 그것도 세 개씩이나……. 오히려 내가 더 많은 시간을 투입하는 것 같다. 심지어 나는 자료를 검토하느라 밤 늦게 앉아 있는데 팀원들이 나보다 먼저 퇴근을 하는 경우도 다반사다. 어, 이게 무슨 일인가? 나보다 더 깊이 고민하고 새로운 아이디어를 찾기 위해 애를 써야 할 당사자가 먼저 퇴근을 하다니? 혹시 그들은 더 깊이 고민하기보다 개략적으로 설계를 해서 던져놓으면 내가 수정해서 방향을 제시해 줄 것이라 기대하고 있는 건 아닐까? 그렇다면 그들이 해야 할 고민을 내게 미루고 퇴근을 하는 셈이다. 괘씸한 생각마저 들었다.

낮 동안에는 새롭게 시작한 교육 과정을 진행하는 과정에서 발생한 갖가지 이슈들을 의사결정 하느라 정신이 없었다. 신규 교육 과정이 완전히 정상궤도에 올라 안정화될 때까지는 이것저것 조율해야 할 일이 많다. 네 명이 번갈아 가며, 때로는 동시에 전화를 걸어와 의사결정을 요구했다. 그러는 동안 낮 시간이 지났다. 결국 프로젝트 검토는 저녁 시간으로 넘겨졌다.

이런 생활이 반복되자 나도 지쳐갔다. 팀원들에게 자신의 프로젝트는 죽이 되든 밥이 되든 알아서들 책임지라고 말하고 싶었다. 그렇지만 팀에서 일어나는 일은 모두 내가 책임지고 싶었다. 팀원의 업무 대부분을 내가 최종결론 내렸다. 그들이 아직 경험이 부족해서 제대로 된 결과를 만들어 낼 수 있을지 염려 되었기 때문이다. 실제로 그들이 수행한 일들은 내가 보기에 많이 부족한 것도 사실이다. 내가 일일이 개입하지 않으면 왠지 불안했다. 교육 과정을 진행하다가도 예기치 못한 상황이 발생하면 내게 연락하여 의견을 묻도록 했다. 동시다발적으로 진행되는 교육 과정에서 사건들은 또 얼마나 많은지, 정작 중요한 프로젝트 리뷰나 전체적인 운영 방향을 모색할 틈을 주지 않았다.

벅찬 하루를 보내고, 세수를 하고 자리에 앉았다. 물기가 증발하면서 얼굴을 시원하게 자극했다. 가만히 생각해보니 내가 욕심이 지나쳤던 것 같다. 그리고 여전히 팀원들을 완전하게는 믿지 못했던 것 같다. 혹시라도 잘못된 판단을 해서 문제를 크게 만들거나 치명적인 실수를 하면 어떻게 하나, 하는 쓸데없는 걱정을 했다.

사회통념 상 스무 살이 지나면 자신의 의사결정에 책임을 질 수 있는 성인 대접을 해주는데, 나는 대학을 졸업한 이십 대 중반의 청년들을 아이 취급한 듯하다. 그들은 아직 경험이 부족하고 어리기 때문에 누군가의 도움이 필요하고, 바로 내가 보살펴주어야 한다고 믿었다. 그들은 무엇 하나 스스로 결정할 수 없었다. 세세한 것 하나까지 나의 결정이 필요했고 지도가 필요했다. 그들도 답답했을 것이고 힘들었을 것이다. 나 또한 에너지가 분산되었고 정작 더 중요한 일에 쏟아야 할 시간과 에너지는 고갈되었다.

'사업에 치명적인 영향을 미치지 않는다면 부하들이 하는 대로 그냥 두라.'고 하신 어느 부장님의 말씀이 기억났다. 그 분은 아랫사람들이 기안한 보고서는 거의 손을 대지 않는다고 했다. 어떻게 그럴 수가 있느냐고 물었더니 그의 대답은 간단했다.

"자신의 일을 잘 못하고 싶은 사람은 세상에 없다. 그리고 내 판단이 항상 옳다는 근거도 없다."

내 판단이 항상 옳다는 근거가 없다. 맞는 말이다. 내 기준에서 볼 때 맞는 것이지, 그들의 시각에서는 내 결정이 틀렸을 수도 있다. 물론 권한위임이란, 작은 실수로 조직에 엄청난 손실을 안겨줄 수 있는 일까지 사원들에게 맡긴다는 의미는 아닐 것이다. 일의 중요도와 시급성이 고려되어야 하고 그들의 업무수행 능력이 감안되어야 한다. 매우 중요한 일이나 시급한 일이라면 당연히 조직 책임자가 직접 지시하고 결정해야 한다.

하지만 팀원들이 수행하는 업무를 살펴보면 내가 굳이 개입하지 않더라도 전혀 문제가 되지 않음에도 불구하고 습관적으로 내가 떠안고 있는 일들이 많다. 이런 일들은 팀원들과 논의를 통해 위임해도 좋다. 내일이면 좀 더 여유를 가지리라 다짐해본다.

결정을 안 하면
어쩌라는 거냐며 뭐라 하고,
결정을 해버리면
강요한다고 하고……

"도대체 어떻게 하란 말인지 모르겠다. 미치겠다."

김 과장이 한숨을 토해냈다. 그는 술이 살짝 올라 볼에 홍조를 띠고 있다. 입사동기인 김 과장은 나와는 다른 부서지만 같은 사무실 안에서 불과 3미터도 떨어지지 않은 곳에 앉아 있다. 퇴근을 하려고 가방을 싸는데 그와 눈이 마주쳤다.

곰장어를 주문하고 자리에 마주 앉았다. 안주가 나오기도 전에 우리는 소주를 두 잔씩 비우고 있었다. 김 과장이 말을 이었다. 그의 상사는 의사결정을 분명하게 해주지 않으면서, 이것도 아니고 저것도 아닌 말로 사람을 헷갈리게 만든다고 했다. 어제도 이틀 전에 있었던 회의결과를 정리하여 보고하는 메일을 상사에게 보냈는데, 그는 김 과장을 조롱하는 것 같기도 하고 비난하는 것 같기도 한 애매한 답장을 보내왔다고 했다. 김 과장이 적어놓은 문장 아래에 '과연 그럴까???'라고 적어놓고, '내가 그 자리에서 그 건은 ×××라고 하지 않았나? …… 잘 판단해보세요.'라는 답장이라고 했다. 그 메일을 열어 보았을 때 김 과장은 심한 수치심을 느꼈다고 했다. 마치 '과장씩이나 되는 놈이 회의의 전체적인 내용도 파악하지 못하고 게다가 상사의 의도도 제대로 알아듣지 못한다.'고 질책하는 것 같았다고 했다. 게다가 메일 어디에도 김 과장이 무엇을 어떻게 해야 할지 구체적으로 말해주는 대목은 없었다고 했다. 김 과장은 그 피드백을 받고 어떻게 회신을 해야 할지 모르겠다면서 술잔을 꺾었다.

얼마 전에도 다른 구성원들이 그 상사의 피드백 방식에 대해 이야기하는 것을 들은 적이 있었다. 그 분은 팀원이 보고를 하면 명확하게 의사결정을 하는 대신 내용상 잘못된 점부터 지적하거나 '다른 방법은 없어?' 라고 질문을 한다고 했다. 그것까지는 좋은데, 팀원이 나름대로 답변을 해도 이렇다 저렇다는 결론을 내리지 않고 흐지부지 대화를 마무리한다는 것이다. 보고서대로 실행해도 된다는 것인지, 그게 아니라면 어떻게 수정하라는 것인지 결론 없이 대화가 흐지부지 되다가 팀원이 '좀 더 검토해서 다시 보고하겠습니다.' 며 물러나는 것으로 상황이 종료된다고 했다. 이후에도 비슷한 과정을 몇 번이나 거치고 마감시한이 임박해서야 마지못해 승인해준다는 것이다. 열린 질문을 통해 팀원의 사고를 확산할 수 있도록 하기 위한 의도가 아니겠냐고 물었더니, 질문을 할 때의 어투나 뉘앙스가 다르다는 답변이 돌아왔다.

김 과장과 다른 후배들의 말 만으로 모든 상황을 판단할 수 없지만 그 상사의 피드백 방식이 김 과장이나 팀원들의 기대와는 잘 맞지 않는다는 생각이 들었다. 일반적으로 피드백을 할 때는 자신의 의도를 구체적으로 밝혀야 한다. 그래야 부하 사원이 명확하게 방향을 잡을 수 있기 때문이다.

그러다가 문득 '나는 팀원들이 업무보고를 할 때 어떻게 피드백을 하고 있는가?'에 생각이 미쳤다. 가만히 생각해보니 나는 그 부장님과는 정반대로 피드백을 하고 있는 것 같았다. 팀원들의 의견을 들어본 다음, 나의 의견과 일치하면 그대로 통과 시켰고 그렇지 않은 경우에는 나의 생각을 일방적으로 그들이 수용하도록 했던 것 같다. 내가 그들보다 경험이 많기 때문에 나의 의견이 옳을 것이라 생각했던 것 같다. 어떤 때는 팀원이 설명을 하는 동안에도 '그래, 네가 무슨 말을 하려는지 알겠고, 내 생각에는 이렇게 하는 것이 좋겠어.' 라며 내 의견을 말하기도 했다. 몇 마디만 들어도 그가 무슨 말을 하려는지 모두 알아차릴 수 있었기 때문에 더 이상 그의 말을 듣는다는 것은 시간낭비라는 생각이었다. 또 팀원의 제안에 대해 예전에 해봤더니 효과가 없었다면서 아이디어를 무시한 적도 있었다.

물론 내가 그들보다 경험이 많은 것은 사실이다. 그렇지만 나의 생각이 언제나 옳은 것도 아니다. 과거에 내가 실패했다고 해서 그(녀) 역시 실패할 것이라고 장담할 수는 없지 않은가? 얼굴이 화끈거렸다.

김 과장과 나는 남아 있는 술을 입에 털어 넣고는 다시 잔을 채워 연거푸 마셨다. 소주는 타는 듯 날카롭게 식도를 훑으며 위장으로 흘러들었다. 코끝에 소주의 독특한 향이 잠깐 동안 맴돌다 흩어졌다. 다시 잔이 채워지고, 곰장어의 고소한 맛이 입 안의 알코올을 닦아낼 때까지 우리는 아무 말이 없었다.

우리가 들어왔을 때 비어 있던 테이블들이 어느새 사람들로 가득 차 있었다. 테이블마다 곰장어 굽는 연기가 한껏 피어 오르고 실내는 사람들이 쉴 새 없이 뱉어내는 단어들이 공중에서 부딪치며 내는 파열음과 부스러기들로 가득했다. 취기가 오르면서 그들은 서로의 목소리에 절대 매몰 당하지 않겠다고 작정을 한 듯 고래고래 소리를 질러댔다. 좁은 공간을 꽉 채운 소음과 언어의 잔해 때문에 가슴이 답답했다.

리더가 의사결정을 분명하게 하지 않고 방향을 명확하게 제시하지 않는 것은 대체로 바람직하지는 않아 보인다. 물론 리더가 모든 것을 알 수는 없다. 그렇다면 팀원에게 맡기면 된다. 모르는 것을 애써 잡고 있을 이유가 없다. 그러나 리더는 어쨌거나 사안에 대해 사전에 깊이 있는 고민을 한 다음 결론을 내려야 한다. 리더는 책임을 지는 자리이기 때문이다. 그렇다고 해서 나의 방식을 무조건 고집하는 것도 주의해야 할 대목인 듯하다. 자칫 그들의 창의적인 사고를 억누르고 의욕을 꺾을 수도 있기 때문이다. '우리'보다 나은 '나'는 없다는 말에 공감한다. '나'의 수준이 60이라면 팀원이라도 2점짜리라도 우리는 62점이 될 수 있다. 그들의 의견에 귀를 기울여야 하는 이유다. 또 팀원과 나의 생각이 언제나 일치한다면 그것 또한 재미가 없을 것 같다. 견해가 다른 사람들의 다양한 시각이 모여야 새로운 창조가 가능할 것이기 때문이다.

한편 메일로 주고 받는 커뮤니케이션에는 감정이 드러나지 않기 때문에 의도가 왜곡될 가능성이 높을 수 있겠다는 생각이 들었다. 같은 단어라 할지라도 글을 읽는 사람이 처한 상황에 따라 의미가 달리 해석 될 수 있다. 누군가와 얼굴을 붉힌 다음에 읽는 글은 거칠고 공격적으로 느껴지기 쉽다. 자연히 회신하는 글에는 가시가 돋칠 수밖에 없다. 악순환이다. 'High tech needs high touch.'라고 한다. 첨단기술 시대에 오히려 인간적인 접촉이 더 필요한 것인지도 모르겠다.

평양감사도
제 싫으면 그만이다

회의실을 빠져 나온 팀원들의 표정이 심상치 않았다. 업무공유를 마치고 부장님이 1박 2일 일정의 나들이를 제안했는데 모두들 입을 굳게 다물었고 아무 말도 하지 않았다. 그동안 숨가쁜 일상 때문에 쉴 틈도 없었는데 잠시 여유를 가지고 구성원끼리 단합하는 시간을 가지자는 말씀이었다.

우리 부서는 같은 사무실에 있다고는 하지만 각자 바쁜 일정 때문에 평소에 서로 얼굴 한 번 보기가 쉽지 않다. 아침에 출근하자마자 각자 맡고 있는 교육 과정 운영을 준비하기 위해 강의실과 비품 창고를 분주히 오가고, 교육이 진행되는 동안 잠깐씩 사무실에 들리기는 하지만 시간이 엇갈리면 동료의 얼굴을 볼 기회가 거의 없다. 운 좋게 시간이 맞다 하더라도 다음 교육 준비를 하느라 서로에게 관심을 보이기도 쉽지 않다. 사무실을 공유한다고는 하지만 같은 팀원이라고 할 수도 없을 지경이다. 가끔 답답한 공간에서 벗어나 자연을 호흡하며 가슴 속 이야기를 풀어 놓는 것도 좋은 아이디어라 생각했다. 그런데 예상치 못한 팀원들의 반응에 나는 적잖이 당황스러웠다. 부장님 입장에서는 구성원들이 힘들어하는 모습이 안쓰러워 보였을 것이고 잠깐이라도 여유를 갖자는 의도였을 텐데 팀원들의 그 반응은 뭘까? 내가 오히려 곤혹스러웠다.

지성이를 사무실 밖으로 불렀다. 그는 한숨을 쉬며 항변하듯 말했다.

"당장 해야 할 일이 쌓여 있고 비도 올지 모른다는데 솔직히 가고 싶은 사람 아무도 없을 겁니다. 게다가 결정적으로 토요일~일요일에 가는 건 정말 이해할 수가 없어요. 휴일에 차라리 쉬고 싶지 누가 개인적인 시간을 희생하면서 팀원들이랑 놀러 가고 싶겠냐고요?"

우리 부서는 신입사원들이 많아 금요일에는 회식이나 이벤트를 피한다. 주5일 근무가 자리를 잡은 이후 금요일 저녁부터는 휴일이라는 인식이 강하다. 또 주말과 휴일은 지극히 개인적인 시간이고 이를 침범해서는 안 된다는 생각이 젊은 사원들에게는 불문율로 자리잡고 있다. 그런데 토요일과 일요일에 나들이를 간다니 후배들이 싫어할 만도 했다. 게다가 마음에 여유도 없는 상황이어서 더더욱 내키지 않았을 것이다. 생각해보니 얼마 전에 송 대리가 숙소와 교통편을 알아볼 때 팀원 중 일부가 불편한 기색을 보인 적도 있었지만 단지 개인적인 성향 때문이라고 치부하고 무시했던 적이 있었다. 이후에도 몇 번의 징후가 있었지만 나는 사원들의 의중을 정확히 간파하지 못했다.

대개 조직에서 실시되는 이벤트는 리더의 취향이나 선호를 반영하는 경우가 많다. 그러나 아무리 좋은 의도로 계획하는 이벤트라도 구성원이 싫어한다면 다시 생각해봐야 한다. 중요한 것은 목적이다. 즉 목적을 위해 수단이 필요한데, 수단 자체가 목적이 되어서는 안 된다. 리더가 좋은 목적을 가지고 행사를 계획한다면, 대신 수단은 구성원의 의견을 반영하여 실행하면 된다. 리더 한 사람의 생각에 따라 많은 사람들이 희생되는 악몽을 피하기 위해 리더는 구성원들의 욕구를 정확히 읽어야 한다. 평양감사도 제 싫으면 그만이라 하지 않던가? 리더의 입장에서는 구성원들이 자신의 의견을 표현하면 되지 않느냐고 반문할지 모르지만, 그렇게 자유롭게 자신의 생각을 말할 수 있는 분위기를 만드는 것도 결국 리더의 몫이다.

길을 묻는 후배에게
쓸 것을 권유하다

점심식사를 마치고 세원과 함께 벤치에 앉아 커피를 마셨다. 가로수 주변에서 사람들이 삼삼오오 모여 차나 음료를 마시며 유쾌하게 떠들고 있다. 남자직원들의 하얀 셔츠가 짙은 색 바지와 선명한 대비를 이루어 더욱 선명하게 빛났다. 청년들이 함지막한 웃음을 지을 때 드러나는 하얀 이가 환하다. 한결같이 밝은 표정들이다. 파란 하늘을 배경으로 흰 구름 몇 조각 유유히 흐르고 삶의 한 때가 그렇게 흐르고 있었다.

"팀장님은 분명한 꿈을 가지고 있어 보여서 부럽습니다."

세원이 뜬금없이 한 마디 던진다.

"어? 그, 그래? 너도 꿈이 있잖아?"

그의 갑작스런 질문에 하마터면 삼키려던 커피를 뱉을 뻔 했다. 세원은 지금 이 길이 자신의 모든 것을 걸어도 좋을 만한 일인지 아직 잘 모르겠다고 했다. 나는 적잖이 놀랐다. 그는 경력사원으로 입사를 했고, 전 직장에서도 HRD 업무를 했었기 때문에 이 분야에서 분명한 비전을 가지고 있는 줄 알았다. 게다가 그는 대학에서도 교육을 전공했다. 그런 그가 이 길이 자신의 길이 맞는지 혼란스러워하고 있다고 했다.

자기 개발과 관련된 책을 읽어보면 자신이 강점을 가진 분야에서 좋아하는 일을 하며 평생을 살아가는 것이 행복한 일이고 성공할 가능성이 높다고 말하고 있지만, 세원은 정작 자신이 무엇을 좋아하는지, 무엇을 잘 할 수 있는지조차도 모르겠다고 했다. 바쁜 일상을 보내다가 문득 미래를 생각하면 우울해진다고 했다. 이대로 삶이 흐르는 대로 정처 없이 떠다니다가 10년쯤 뒤에 어디에 닿아 있을까 생각해보면 가슴이 답답해지고 분명한 목적지가 없는 자신이 한심하게 여겨진다고도 했다. 그래서 그는 요즘 행복하지 않다고 했다.

나는 그가 이른 나이에 그런 고민을 하고 있다는 자체가 희망적인 신호라고 말해주었다. 나만해도 그의 나이 때에는 경력에 대해 별 생각 없이 시간을 보냈는데 벌써 미래의 한 지점을 찾기 위해 애를 쓰는 모습이 보기 좋다고도 덧붙였다. 그리고 주변의 동료들도 이야기를 나눠보면 뚜렷하게 목표나 비전을 정해둔 사람은 많지 않으니 상대적으로 이미 앞서가기 시작한 것이라 격려도 해주었다. 그리고 세원에게 내 경험을 들려주었다. 내가 방황했던 시절, 매주 산에 올라 고민했던 시간들에 대해 이야기해주었다. 어떻게 그 방황의 터널을 뚫고 지나올 수 있었는지, 어떻게 내 길을 찾게 되었는지 그리고 지금 내가 가고자 하는 길은 무엇인지 말해주었다.

나에게 그에게 쓸 것을 권유했다. 깨끗한 노트 한 권을 구해서 지금의 심정, 지금 마음속에 떠오르는 사고의 편린들을 있는 그대로 적어보라고 했다. 하고 싶은 것, 바라는 것, 이루고 싶은 것들을 모조리 노트에 담아보라고 했다. 매일 내 마음속에 무질서하게 떠도는 나의 열망과 에너지, 잠재력을 하얀 노트에 채집해두는 작업을 해보는 것이다. 두 달 정도 집중적으로 그렇게 맹렬히 적어 가다 보면 끊임없이 마음이 끌리는 데가 있을 것이다. 왠지 가슴이 뛰고 피를 끓게 하는 단어들이 보일 것이다. 그런 단어들에 조금 더 주의를 기울여 보라. 그것들은 이미 오래 전부터 내 마음 한 곳에 자리잡고 있었지만, 용기가 없어서 망설이고 있던 보물일지도 모른다. 나는 1년을 매주 써보았는데, 첫 날 적었던 것과 마지막 날 적었던 내용이 같았다. 그러니 너무 오래 방황하지 말고 길어도 두 달 이내에 찾아보라고 일렀다.

사실 확신을 가지고 길을 가는 사람은 거의 없다. 짙은 안개가 끼인 도로처럼 뿌옇고 불안하기는 하지만 그래도 믿음을 가지고 가보는 것이다. 가다 보면 안개가 걷히고 길이 보이기 시작하는 지점을 반드시 만나게 될 것이라는 믿음이 나를 계속 걷게 한다.

세원은 그렇게 해보겠다고 했고 우리는 자리에서 일어났다. 여전히 자동차들은 도로를 질주하고 있다. 어디에서 와서 어디로 가는 것일까? 생이 흐르듯 자동차들이 질서정연하게 줄지어 흐른다. 길은 시원스럽게 뚫린 고속도로도 있고, 도심의 상습정체구간도 있고, 한적한 국도와 인적이 드문 오솔길도 있다. 나의 길은?

"숲 속에 두 갈래의 길이 나 있었네.
나는 사람들의 발자국이 적게 나 있는 길을 택했지.
그리고 그것 때문에 모든 것이 달라졌네."
- 로버트 프로스트

나는 막힘이 없는 길을 좋아한다. 인공의 소리 대신 바람소리 새소리 들리는 오솔길도 좋다. 그리고 남들이 좋다고 하는 길 보다 내 마음이 끌리는 길이 좋다. 사실 나도 방향은 정했지만 세부적인 길은 아직 모색 중이다. 언젠가 내가 걸어온 길을 바라보며 로버트 프로스트의 시를 읊조릴 날을 기대해 본다. 그리고 세원이 걸어가게 될 길도 시원하게 열린 대로이길 빌어본다.

후배가 자리를 비우면
불편하다

김정훈 대리가 4일간 일정으로 교육을 갔다. 합숙교육이기 때문에 오늘부터 4일 동안은 사무실에 없을 예정이다. 그의 교육은 당초 봄에 계획되어 있었는데 그가 맡고 있던 교육 과정 운영에 너무 이슈가 많아 하반기로 일정을 연기했다. 김 대리에게 미안했었다.

이번에 김 대리가 4일간 빠지게 되면 그가 맡고 있던 교육 과정을 박 대리와 미정이 나누어 진행해야 한다. 그들도 자신이 운영하고 있는 교육 과정이 있기 때문에 꽤나 힘든 한 주가 될 것이다. 김 대리가 참가하려는 교육의 일정을 우리가 조정할 수 없고, 그가 운영해야 할 교육 과정도 이미 연초에 일정이 결정되어 전사에 안내되어 있었기 때문에 변경할 수가 없었다. 김 대리도 자신을 대신해서 업무를 처리해야 하는 두 사람에게 미안해 했다. 게다가 김 대리가 맡고 있는 교육은 팀장급을 대상으로 하고 있기 때문에 여간 신경이 쓰이는 게 아니다. 사전에 챙겨야 할 것도 많고, 교육이 진행되는 동안에도 준비해야 할 것이 많다. 또 상무님이 리더십교육에는 특별히 관심을 많이 가지고 있기 때문에 나도 긴장할 수밖에 없다. 느닷없이 상무님이 전화를 걸어와 교육 실시 현황을 묻는 경우가 많은데, 김 대리가 없으면 나를 찾을 것이 분명하기 때문이다. 그래서 김 대리가 없는 동안에 나 또한 더 많은 관심을 가지고 확인해야 한다.

일부 리더들은 부하사원이 자리를 비우면 자신이 불편하기 때문에, 혹은 업무 대응에 지장이 초래될 것을 우려하여 팀원을 교육 보내기 꺼려 한다는 이야기를 종종 듣는다. 부하사원이 교육 등으로 자리를 비우게 되면 불편하기는 하다. 혹시라도 상사가 내가 기억하지 못하는 세부적인 사항을 물어오는 경우에는 실무자에게 물어보기라도 해야 하는데 그가 없다면 익숙지 않은 자료들을 직접 찾아보아야 한다. 자료라도 있다면 그나마 다행이지만, 그렇지 않고 팀원의 머릿속에 있는 정보를 상사가 요구하기라도 한다면 낭패를 당하기 십상이다. 사실 지나고 보면 별 것도 아닌데 지레 불안하다.

팀원에게 필요한 교육은 연초에 계획한 일정대로 무조건 보낸다는 것이 부장님의 방침이다. 이런 저런 핑계를 대기 시작하면 끝이 없다.

교육을 가지 못할 혹은 보내지 못할 이유를 찾으려 한다면 수도 없이 많다. 그렇지만 보내야 할 이유가 한가지라도 있으면 그대로 보내는 것이 옳다. 우리 부서 구성원들은 누구나 일년에 두 번 이상 직무 교육에 참가하는 것을 원칙으로 하고 있다. 연초에 계획을 세우고 매월 그 실적을 공유하기 때문에 팀장들은 자신의 팀원들이 제 때 교육에 참가했는지 확인하고 독려해야 한다. 사원들이 상사의 눈치 때문에 교육에 참가하지 못할 가능성을 처음부터 없애자는 취지였다. 교육을 다녀오면 매월 말에 있는 팀 미팅에서 교육받은 내용을 팀원에게 공유하도록 했는데 그것이 귀찮아 교육을 꺼리는 구성원도 있다고 한다. 이해할 수 없다. 나의 성장에 도움이 되는 교육이 있다면 조직에서 신경을 써주지 않더라도 내 돈을 들여서라도 참가할 것인데 팀에서 기회를 주어도 성가시게 여긴다니……. 정말 이해가 안 된다.

교육에 대한 개인적인 태도를 떠나, 후배가 교육을 가면 나는 그에게 도움이 되는 존재가 된다. 그 자체로 행복하다. 내가 좋아하는 사람을 위해 힘이 될 수 있다는 것만으로 충분히 행복하지 않은가? 사람은 누구나 쓸모 있는 사람으로 기억되길 바란다. 나도 누군가에게 쓸모 있는 사람으로 기억되길 바래본다.

슬럼프를 탈출하는
나만의 방법을 찾기를……

미정이가 하루 종일 기운이 없어 보였다. 며칠째 그러고 있었다. 컴퓨터 화면을 바라보고 있는 시선은 흐렸고 고개도 힘없이 기울어 있었다. 점심시간을 빼고는 거의 자리에서 일어나지도 않았다. 몸이 여윈 편이기는 하지만 얼마 전까지만 하더라도 얼굴에 생기가 있었다. 그런데 오늘은 몸 전체가 시들어 있는 듯한 느낌이었다.

나는 그녀에게 차 한 잔 하자며 말을 건넸다. 그녀는 겨우 자리에서 일어섰고 우리는 사무실 옆 작은 회의실에 마주 앉았다. 그녀는 자신이 무능하게 여겨진다고 했다. 입사한 지 몇 년이 지나도록 자신의 역량이 전혀 쌓인 것 같지 않다고 했다. 스스로 무엇을 잘 하는지도 모르겠다고도 했다. 상사나 동료들이 자신의 가치를 인정해주지 않는 것처럼 느껴져 속이 상한다고 했다. 주변 동료나 내가 스스로 지금 하고 있는 일에 열정을 쏟아 붓고 있는 모습을 보면 부럽기는 하지만 그녀 자신은 그렇게 할 의욕이 없고 그래서 일도 손에 잘 잡히지 않는다고 했다. 말을 하는 동안에도 그녀는 몇 번이나 힘겨운 한숨을 내쉬었다.

그녀는 슬럼프에 빠진 듯했다. 신입사원이 입사를 하면 3개월째, 그리고 3년 정도 되는 시기에 한 번쯤 고비를 맞는다고 하는데, 그녀가 바로 그 지점에 이르렀나 보다. 나는 3년이 아니라 일년에도 몇 번씩 주기적으로 슬럼프에 빠지는 것 같다. 아무 이유 없이 가끔씩 일을 하기 싫을 때가 있다. 분명 이유는 있었을 테지만……. 기억은 나지 않는다. 그럴 때면 나는 다시 강한 의욕이 나를 끌어당길 때까지 기다린다. 낚시꾼이 입질을 기다리듯 나는 내 열정을 기다린다. 그러다가 일을 하고 싶다는 욕망이 나를 자극하는 순간 낚싯대를 잡아챈다. 그러면 다시 꽁지에 불이 붙은 망아지마냥 한동안 정신 없이 달려간다.

힘들어 하고 있는 그녀를 격려해주고 싶은데 막상 무슨 말을 해야 할지 막막했다. 그녀의 말을 듣고 공감해주는 것만으로는 부족할 듯 싶었다. 그녀의 말을 들으면서도 뭔가 그녀에게 도움이 될 만한 것을 생각해내기 위해 좋지도 않는 머리를 돌리느라 진땀이 났다. 갑자기 선배 한 분이 자주 말씀하셨던 '송곳'이야기가 떠 올랐다.

바지에 송곳을 넣어 다니면 언젠가 천을 뚫고 나오기 마련이듯 재능이 있는 사람은 그것을 숨길 수 없다는 것이다. 자신은 가만히 있어도 언젠가 알려지기 마련이다.

나는 그녀에게 송곳 이야기를 들려주면서 그녀도 분명 자신만의 무기를 가지고 있고 아직은 감춰져 있는 송곳일 뿐이라고 해주었다. 그녀의 생기발랄함과 열정, 그리고 자료를 조직화하는 감각과 대인관계 능력은 아무나 흉내낼 수 있는 것이 아니다. 그녀는 그런 능력을 갖고 있으면서도 내세울 게 없다고 말하고 있다. 그녀는 스스로 보잘것없는 존재로 여기고 있었다. 최근에 일이 많아 힘들었나 하는 생각이 들었다.

나는 그녀에게 한동안 눈치보지 말고 마음껏 게을러져 보라고 했다. 일찍 퇴근해서 기분전환도 좀 하고, 혼자만의 시간을 가져 보라고 말해주었다. 그러다 어느 거리에서 느닷없이 잃어버린 줄 알았던 생의 활력을 다시 찾을 수 있을 것이라 덧붙였다.

늦은 밤 사무실에서 일을 하다가 시계를 쳐다보는 순간, 문득 내가 지금 어디로 가고 있는지 막막할 때가 있다. 잘 살고 있는 것인지, 행복한 것인지, 내 위치에서 일은 나름 잘 하고 있는지, 목표하는 것은 얼마나 이루었는지……. 생각이 더해갈수록 스스로 한없이 초라해 보이고 작게 느껴진다. 이루어놓은 것이 하나도 없는 듯하고 앞 길도 잘 보이지 않는다. 어둠에 포박당해 사위를 분간하기조차 어렵다. 잠깐 동안 블랙홀에 빠져든다. 그러다가 이내 현실로 돌아오곤 하지만, 이런 기분이 한동안 지속되기도 한다. 서서히 그리고 깊이, 아래로 아래로 끝없이 침잠한다. 이렇게 침잠하는 동안 나는 조용히 혼자만의 시간을 갖는다. 책상에 앉아 한동안 생각이 흐르는 대로 놓아둔다. 어떤 생각이라도 자유롭게 흐르도록 한다. 잡생각이라도 물리치지 않는다. 그렇게 한 이틀 시간을 보내고 나면 다시 머리 속에 탁한 기운이 정화되고 생生의 의욕이 솟구친다. 열정이 다시 솟는다. 가슴에 불꽃이 이글거리고 온 몸이 뜨거워진다. 삶이 다시 힘찬 항해를 계속한다. 슬럼프를 탈출하는 나만의 방법이 있듯, 그녀 또한 그녀만의 방법이 있을 것이다.

스스로 초라해 보이고 삶에 의욕이 없는 사람을 어떻게 도와줄 수 있을까? 가끔 이런 후배를 보면 마음은 안타깝지만 딱히 위로할 방법은 없어 더 마음이 답답하다. 스스로 열정을 되찾고 일어설 때까지 인내를 가지고 지켜봐주고 응원해줄 수밖에……

퇴근 시각이 되자 그녀는 쏜살같이 사무실을 나갔다. 그녀가 하루 빨리 예전의 빛나는 눈동자를 되찾기를 빌어본다.

여자 팀원은 알 수 있는 존재가
아니다, 그저 이해하라??

'친절한 재승씨'.

부장님이 내게 붙여준 별명이다. 가끔 동료들이 이 별명을 오용하여 나를 놀리거나 장난을 치곤 하지만 나는 이 별명을 싫어하지 않는다. 선후배를 가리지 않고 누구에게나 웃으며 친절하게 대하려 해왔던 나는 입사 이후 동료들과 일을 하는 데 큰 어려움을 느끼지 않았다. 여자 동료라고 해서 특별한 건 없었다. 그들 역시 동료로서 도움을 주고 받는 동지의 관계였다. 때로는 그들은 자칫 건조하기 쉬운 조직생활에 활력소가 되기도 했다.

그런데 내가 리더가 되고부터는 상황이 달라지기 시작했다. 그녀들과 나 사이에 보이지 않는 얇은 막 같은 것이 생긴 듯했다. 그녀들은 내게 이야기를 할 때 여과기를 작동시켜 말을 가리는 듯했고, 농담이나 장난도 예전만큼 걸어오지 않았다. 어색한 존댓말을 쓰는 여사원도 있었다.

리더로서의 역할 때문에 나는 그녀들에게 업무를 지시하고, 진행 과정을 확인하고, 그리고 적절한 피드백과 평가도 해야 했다. 이 모든 것들이 조심스러웠다. 지시를 하는 동안 혹은 피드백 과정에서 나도 모르게 그녀들에게 상처가 되는 말을 해서 관계가 불편해지지는 않을까 걱정도 되었다. 옆 팀의 김 과장은 여자 팀원과 함께 일을 하는 나를 늘 부러워하며 기회가 있을 때마다 부장님에게 자신의 팀에도 여사원을 보내달라는 농담을 하곤 했지만 나는 웃을 수 만은 없었다.

리더로서 여자 사원들과 같이 일을 한다는 것은 나에게 하나의 도전이었다. 남자들은 좀 거칠게(?) 다루더라도 – 군대를 갔다 온 남자들은 다소 무뚝뚝하고 장난기 섞인 거친 태도에 익숙해 있기 때문에 – 으레 그러려니 하고 받아들이지만, 여자들은 어쩐지 다를 것이라는 생각이 들었다. 아마 이런 생각은 오랜 학습의 결과로 내 마음속에 자리잡은 편견일지도 모른다. 존 그레이의 '화성에서 온 남자 금성에서 온 여자' 시리즈를 비롯해 많은 책에서 남자와 여자는 본질적으로 차이가 있으므로 세심하게 고려하지 않으면 관계가 위험에 처할 수 있다고 협박을 하고 있었다. 여자라는 존재는 아주 얇은 유리로 만든

잔과 같아서 조심해서 대하지 않으면 안 된다고 한다.

한 번은 한 여사원이 맡은 일의 진척상황이 썩 마음에 들지 않아 피드백을 하고 싶었는데, 어떻게 말을 해야 할지 몰라 시간만 보내던 적이 있었다. 시간이 흐를수록 일은 내가 기대하는 것과 점점 더 다른 방향으로 나아가고 있었지만 나는 속만 태우고 있을 뿐 어쩌질 못했다. 더군다나 나는 그녀는 함께 일을 하게 된지 얼마 되지 않았기 때문에 그녀의 스타일을 잘 모르고 있던 때였다. 어떻게 하면 그녀에게 상처를 주지 않고 내 의도를 잘 전달할 수 있을지 고심하고 있었다.

마침 그녀가 먼저 내게 자료를 어떻게 정리하면 좋을지 물어왔다. 그런데 나는 그녀의 갑작스런 질문에 당황해서 엉겁결에 '지금 잘 하고 있으니 그대로 하라.'고 하고 말았다. 아직 어떻게 피드백 해야 할지 결정을 하지 못하고 있는 상황에서 느닷없는 질문을 받고 나는 적지 않게 놀랐다. 짧은 순간 내 머리 속에는 그녀에게 이런 저런 피드백을 해서 자료 정리방식을 바꾸게 되면 그녀가 지금까지 작업한 것들이 수포로 돌아가게 되고 일이 늘어날 수 있겠다는 생각을 했다. 나의 의견이 그녀를 무시하는 것으로 받아들여 질지도 모른다는 쓸데없는 걱정도 들었다. 또 그녀가 자료를 정리하는 방식은 나의 생각과 다를 뿐 기존의 방식을 충실히 따르고 있었기 때문에 크게 문제는 되지 않을 것이라며 애써 나 스스로를 위로하기도 했다. 그렇지만 마음 한 켠에는 불편함이 점점 쌓이고 있었다.

속을 태우고 있다가 결국 그녀를 내 자리로 불러 몇 가지 피드백을 했다. 그러나 그 피드백은 매끄럽지 않았다. 긴장한 탓도 있었고, 마음속에 눌려 있던 불편함이 묻어 나왔다. 그녀는 나의 피드백에 속이 상한 듯했고, 뒤늦은 방향전환에 화가 난 듯도 했다. 그녀는 처음부터 내가 원하는 방향을 제대로 말해주었더라면 낭비적인 일은 없었을 것이라고 항변했다. 그녀의 말은 모두 옳았다. 미안하다는 말 외에 달리 할 말이 없었다. 처음부터 제대로 말해주었어야 했다. '장고 끝에 악수 둔다.'는 바둑격언처럼 이리 재고 저리 재며 망설이다 적절한 시기를 놓쳐 버린 셈이다.

하루가 지나고 그녀와 나는 휴게실에서 마주 앉았다. 나는 내 심정을 털어 놓았고 앞으로 이런 일이 있을 때 내가 어떻게 피드백 하면 좋겠냐고 물었다. 그녀는 공손하면서도 분명한 어조로 어떤 일이든 솔직하게 말해주면 좋겠다고 대답했다. 그래야 일을 효율적으로 할 수 있다는 것이었다. 일을 하는 중간에 방향이 바뀌어서 그 일을 처음부터 다시 해야 하는 것만큼 싫은 것은 없다고 했다. 그래서 처음에 제대로 지시해주고 일이 진행되는 동안에도 자주 대화하면 좋겠다고 했다. 나도 처음부터 옳은 방향을 제시해주려 노력하고 혹시라도 중간에 생각이 바뀌면 즉시 말해주겠다고 했다. 30여 분 동안의 짧은 대화였지만 체증이 뚫리고 머리가 맑아지는 느낌이 들었다.

작가 이외수는 '여자는 결코 알 수 있는 존재가 아니다. 그저 사랑하라.'고 했다. 구본형은'여자는 남자의 영원한 신비라고 믿는 남자만이 여자를 이해하는 현명한 남자다.'고 하면서 여자를 제대로 이해하는 것이 쉽지 않음을 강조한다. 남자와 여자는 분명 차이가 있다. 약 100만 년의 인류 역사에 있어 남자는 거의 대부분의 시간을 사냥꾼으로 살아왔고 여자는 양육자로 살아왔다. 그래서 아직도 남자는 사냥꾼의 습성을 지니고 있고 야성이 길들여지고 있는 과정에 있다. 이로 인해 많은 부분에서 남자와 여자는 분명한 차이를 보인다.

분명 여자를 제대로 이해하기란 쉽지 않다. 그러나 저마다 고유한 전문성을 무기로 자신의 존재를 입증해야 하는 지식사회의 직업인으로서 남자와 여자라는 성性의 차이는 무의미하다. 그러므로 일을 하는 과정에서는 남자와 여자라는 차이를 지나치게 의식할 필요는 없다는 생각이 들었다. 물론 일을 효과적으로 해내기 위해 소통을 하거나 동기부여하는 방식에는 성性의 차이가 고려되면 좋겠다. 일반적으로 서로가 선호하는 방식이 다를 수 있기 때문이다.

이런 서로간의 '다름'에도 불구하고 남자와 여자 모두에게 통할 수 있는 소통의 방법이 있다. 바로 솔직함이다. 솔직함은 남자와 여자라는 견고한 경계를 허물고 마음을 관통한다. 열림이고 흐름이다. 마음 속에 찌꺼기가 없는 맑은 상태로 상대에게 다가가는 것이다. 상대의 말을 여과 장치 없이 그대로 받아들이는 순수함이다. 마음을 열고 솔

직하게 다가서는 순간 소통의 문이 열린다. 불편함을 마음속에 쌓아
두지 않고 서로의 의견을 자연스럽게 교류하는 과정에서 사고의 폭이
넓어지고 조직 생활도 더 풍성해진다.

팀원들은 투정하고
상사는 기대하고

점심식사를 마치고 부장님과 함께 휴게실에 있었다. 잘 우려낸 녹차 향이 코끝에서 풋내를 풍기며 스며든다. 싱그러운 차 밭의 녹색 기운이 혀끝에서 가슴을 지나 몸 속 구석구석으로 번진다. 온 몸에 푸른 숲의 바람이 흐른다. 몸 안으로 흘러 든 녹차가 뽀드득뽀드득 소리를 내며 유리창을 닦듯 위장과 소장 벽에 붙은 기름때를 분리해낸다. 내장 사이에 덕지덕지 달라붙어 있던 찌꺼기들이 말끔히 세척된 듯 개운하다. 속이 정갈하여 산뜻하다.

"요즘 팀원들 분위기는 좀 어떠냐?"

부장님의 느닷없는 질문에 입안에 머금고 있던 녹차를 단숨에 삼키고 말았다. 부장님의 목소리는 호방하면서 거침이 없다. 황야를 달리는 야생마 같다. 부장님은 가끔 팀원들의 근황을 물었다. 아무래도 내가 팀원들에게 한 걸음 더 가까이 다가서 있기 때문에 팀원들의 일상이나 일하는 모습 등을 조금이라도 깊이 알고 있으리라 생각하신 듯하다. 사실 그렇기도 하다. 직급이 올라갈수록 밑바닥 정서와는 멀어지기 때문에 체감 정도도 달라질 수밖에 없다. 그들과 직접 접촉할 기회가 줄어들기도 하고 팀원들 역시 부장님에게는 다소 거리감을 느끼기 때문이다. 직급이 멀기도 하고 나이 차도 많이 나기 때문에 일면 자연스러운 현상이다.

나는 팀원 개개인이 지금 무슨 일을 하고 있으며 그 과정에서 어떤 모습을 보여주고 있는지 말했다. 또 개인적으로 어떤 고민을 하고 있으며 어떤 생각을 하고 있는지에 대해서도 내가 알고 있는 범위에서 풀어 놓았다.

나는 없는 사실을 일부러 꾸며내지는 않지만 팀원들에 대해 가능한 긍정적인 방향으로 이야기를 하는 편이다. 부장님이 구성원에 대해 부정적인 인식을 가질만한 사실은 때론 감춰둘 때도 있고 일부만을 노출하기도 한다. 부장님에게는 어느 정도 걸러서 이야기하는 한편, 그 팀원을 변화시키기 위해 애를 쓴다. 그가 변화된 모습을 보여줄 때까지는 부장님에게 얼마간 죄책감을 가지기도 하지만 일단 그가 변하기만 한다면 문제될 것이 없다는 생각이다. 그가 시간이 지나도 똑같은 모습을 보인다면 어쩔 수 없이 부장님에게 노출해서 대안을 모색해야 할 것이지만 우선은 상사에게 그에 대한 긍정적인 인식을 심어주어야 겠다는 생각이 먼저다.

　오늘도 부장님은 미정에 대해 우려를 나타냈다. 부장님은 그녀가 일에 의욕이 없어 보인다고 했다. 부장님의 말씀에 따르면 그녀는 관성적으로 일을 하는 것 같고 더 나은 성과를 만들어내기 위해 깊이 모색하거나 노력하지 않는다. 더 큰 우려는 공부를 안 한다는 것이다. 부장님은 공부하는 팀원을 좋아한다. 지난 달에 부장님과 미정이 같은 교육에 참가했었는데 그 때도 미정은 학습에 큰 열의를 보이지 않았다고 한다. 대신 그녀는 피부미용, 화장, 패션에만 온 정신이 쏠려 있어 몸을 치장하거나 꾸미는 데에만 관심이 있어 보였다는 것이다. 책상에 거울을 두고 수시로 들여다 보고는 화장을 고치고, 머리를 만지는 등 그녀의 행동은 일을 통해 승부해야 하는 전문가적인 면모와는 거리가 있었다.

　부장님의 판단이 완전히 틀린 것은 아니다. 어느 정도는 사실이기도 하다. 그렇다고 해서 그 모습이 전부는 아니었다. 나는 그렇지 않다고 했다. 미정이 패션에 관심이 많고 꾸미기를 좋아하기는 해도 결코 일에 소홀한 것은 아니라고 강조했다. 부장님은 내 말을 곧이곧대로 받아들이는 것 같지는 않았다. 나는 그럴수록 더 강하게 미정이 얼마나 열정적이고 이 분야에서 꿈을 이루기 위해 노력하고 있는지 구체적인 사례를 들어가며 증거를 보여 주려 했다. 내 얼굴이 벌겋게 달아올랐다.

요즘 미정은 자신이 어떤 분야에서 전문성을 개발해야 할지 모색을 하고 있는 중이다. 무엇을 좋아하고, 무엇을 하면 더 잘 할 수 있을지 탐색하고 있다. 지금 하고 있는 일이 딱히 싫은 것은 아니지만 남들과 비교해서 탁월한 성과를 내고 조직에서 계속 성장할 수 있을지는 의문이라고 했다. 이런저런 생각에 의욕이 예전 같지 않다. 벌써 몇 달 째 고민을 하고 있지만 뚜렷한 결론을 내리지 못하고 있는 듯했다. 이런 내면의 갈등이 겉으로 드러나 부장님에게도 비친 것이다. 미정이 곧 안정을 찾고 열정을 다시 찾을 수 있기를 바랐다. 그런 동안 부장님이 미정에 대해 가지고 있는 부정적인 인식을 바꿀 수 있도록 해주고 싶었다. 팔은 안으로 굽기 때문일까? 나는 나와 같이 일하는 구성원들이 누구에게나 매력적인 사람으로 비춰지기를 바란다. 일에 열정적이고 인간적으로도 누구보다 멋진, 그래서 함께 일하고 싶은 사람으로 인정 받았으면 좋겠다.

팀원들이 내게 투정을 할 때가 있다. 나의 상사인 부장님이나 상무님 또는 옆 팀장의 잘못된 의사결정이나 행동에 대해 비난을 하기도 한다. 팀원들은 내가 그 분들에게 피드백을 해서 그들의 인식이나 행동을 바꾸어 달라고 요구한다. 난감하다. 나 또한 상사에게 피드백을 하기란 쉽지 않다. 그렇지만 팀원들은 내가 그들을 대신해서 그 일을 해야 할 책임을 지니고 있다고 말한다. 맞다. 나도 알고 있지만 쉽지는 않다. '너희들이 이 자리에 앉아 봐라.'라고 말하고 싶을 때도 있다.

한편 상사는 내가 팀원들의 행동을 바꾸어 주기를 기대한다. 팀원들과 한 걸음 더 가까이 있으니 그들을 더 많이 알 것이고, 더 공감할 수 있는 위치에 있으니 그들에게 영향력을 행사해주기를 바란다. 나도 그러고 싶다. 그러나 사람을 바꾼다는 것이 그리 쉬운가?

위에서 아래에서 내게 각기 요구를 한다. 상사의 요구와 구성원의 요구가 나를 관통해서 각각의 방향으로 나아간다. 어떤 때는 각각의 요구가 내 안에서 충돌하여 불꽃이 튀기도 한다. 이럴 때는 양자 대질 심문을 하듯 양측을 한 자리에 모아 놓고 직접 소통하라고 외치고도 싶다.

사실 사장이나 신입사원이 아닌 다음에야 모두 중간자다. 위로는 상사가 있고 동시에 아래로 부하가 있다. 리더이면서 동시에 부하이기도 하다. 리더십을 발휘해야 함과 동시에 팔로어십도 발휘해야 한다. '상사가 올챙이 적 생각을 하지 못한다.'고 욕을 하기도 한다. 그런데 그렇게 말하는 그도 후배들에게는 올챙이 적 생각을 하지 못하는 상사일지도 모른다. 물고 물리는 관계다. 그래서 중간에 끼인 리더는 어느 방향이든 엉킴이나 막힘 없이 의견과 요구가 흐를 수 있도록 물 관리를 잘 해야 할 책임이 있다. 쉬운 일이 없다.

동갑내기 팀장을 먼저 배려하는
곽 대리가 고맙다

곽상수 대리가 입사한 지 한 달. 그는 나와 나이가 같다. 그는 대리로 입사를 했고 우리 팀에서 일을 하게 되었다. 다시 말해, 나는 그의 동갑내기 상사다.

오늘 그는 상무님께 보고드릴 자료를 겨우 완성했다. 두 주 전 그가 처음으로 보고서를 만들어 내게 가져왔다. 그는 우리 회사에서는 쓰지 않는 보고서 형식과 용어를 사용하고 있었다. 물론 내용의 전개 방향이나 자료의 수준도 내 기대를 만족시키지 못했다. 나는 수정해야 할 방향을 알려주고 다시 만들 것을 지시했다. 그러나 이틀 뒤 그가 가져온 보고서는 처음과 별 차이가 없었다. 다시 돌려보내고 받기를 몇 번이나 거듭한 끝에 오늘 드디어 상무님께 보고를 드려도 될 정도의 보고서를 완성했다.

그런데 내가 수정사항을 이야기 해주거나 지시를 할 때 그는 여느 팀원과 다르지 않게 행동했다. 그는 겸손했으며 내게 존대했다. 온화 했고 부드러웠다. 물론 나도 그에게 '해주세요.', '하면 좋지 않을까요?' 등 높임말을 썼지만, 다른 팀원들과 마찬가지로 편하게 대할 수 있었 다. 동갑인 팀원에게 이렇게 편하게 대할 수 있었던 건 전적으로 그의 노력 덕분이다.

처음 그가 우리 팀으로 배치 되었을 때 나는 약간 걱정이 되었다. 나이가 같은데 한 사람은 상사이고 다른 한 사람은 부하인 이런 상황 이 내게도 닥치게 될 줄을 예상하지 못했다. 그에게 지시는 어떻게 할 지, 피드백은 어떻게 해야 할지, 또 관계는 어떻게 맺어가야 할지, 이 런 저런 고민이 되었다. 팀원들에게 평소에 하듯 그에게도 필요한 지 시를 제대로 할 수 있을까? 일을 하는 과정에서 의견조율이나 피드백 은 당연한 것이기도 하지만 동갑내기 상사로부터 자신이 한 일을 평 가 받고 수정요청을 자꾸 받게 되면 감정이 상할 수도 있겠다는 생각 이 들었다. 그렇다고 그가 한 일을 무조건 좋다고 할 수도 없다.

한국사회에서는 나이가 사회적 서열을 결정짓는 하나의 잣대가 된 다. 이 때문에 사람들이 처음 만나면 먼저 확인하는 것 중 하나가 나 이다. 나이를 확인하고 서열이 결정되어야 편안함을 느낀다. 특히 남자는 더 그러한 것 같다. 그런데 집단에 따라서는 서열을 결정하는 기준이 달라지기도 한다. 학교에서는 학번이 중요하고, 군대에서 군번 또는 계급, 그리고 기업에서는 직급이 우선이다. 그런데 가끔 집단 내 서열을 결정짓는 기준이 '나이'라는 사회적 기준과 충돌하는 경우가 있다. 학번이나 군번 또는 직급이 반드시 나이 순서와 일치하는 것은 아니기 때문이다. 가끔은 나이가 많은 사람이 나이가 적은 사람보다 서열이 낮은 현상이 발생하기도 한다. 조직 내에서는 나이보다 직급이 우선하기 때문에 어색한 상황이 연출되기도 한다.

예를 들면 나이 많은 학교 선배가 회사에서 동문 후배를 상사로 모시는 경우도 있다. 공적인 자리에서는 학교 선배가 상사 후배에게 예를 갖추고 존대하지만, 휴게실과 같은 사적인 자리에서는 또 위치가 바뀌는 장면을 목격하기도 한다. 후배 상사는 자신의 학교 선배인 팀원에게 지시를 내리는 것이 그리 마음 편하지는 않을 것 같다. 비단 학교 후배뿐만 아니라 입사 후배가 더 빨리 진급해서 상사가 되는 경우도 종종 있다. 요즘은 이런 역전 현상을 어렵지 않게 볼 수 있다. 그리고 이를 받아들이는 구성원의 의식도 과거와 많이 달라졌다. 예전 같으면 후배가 자신의 상사가 되면 그 선배는 퇴직하는 것이 일반적이었다.

지난 주에 만난 친구 한 명은 동갑인 팀원이 자신의 말을 무시하고 지시를 해도 잘 듣지 않는다며 속상해 하고 있었다. 분명 자신이 상사임에도 불구하고 나이가 같고 조직에 늦게 합류했다는 이유로 팀원은 도무지 자신을 상사로 인정하려 들지 않는다고 했다. 그래도 곽 대리는 나를 상사로 대해주기 때문에 마음이 한결 편하다. 만약 그렇지 않았다면 어떻게 되었을까……. 그가 나이를 내세워 내 말을 듣지 않으려고 했다면 내 마음이 결코 편치 않았을 것이다. 물론 곽 대리가 다른 팀원에 비해 신경은 더 쓰이고 조심스러운 건 사실이다. 그래도 다른 사람들처럼 이런 저런 고민을 하지 않을 수 있도록 배려해준 곽 대리가 고맙다.

내가
이랬다 저랬다 한다고?

오늘은 두 개의 사건(?)이 있었다.

첫번째 사건.

"보고서를 꾸미는 건 아직 신경 안 썼어요. 내용만 봐주세요."

김성주 대리가 사업부장님께 보고드릴 자료를 검토하기 위해 회의실 컴퓨터와 빔 프로젝터에 전원을 넣으며 말했다. 내가 뭐라고 한 것도 아닌데 김 대리는 미리 내게 선공을 날렸다. 그녀는 내가 텍스트와 도형, 표 등의 배치와 색상 조합에 대해 지적할까 봐 미리 선을 긋는다.

"보고서 쓰면서 꾸미는 데만 신경 쓰는 사람을 이해할 수 없어……"

그녀는 들릴 듯 말 듯 혼잣말을 했다. 김 대리는 전에도 '형식이 뭐가 그리 중요해요? 내용만 좋으면 되는 거 아닌가요?' 라는 말을 입버릇처럼 하곤 했었다. 요즘은 덜하지만 예전에는 구성원을 대상으로 설문조사를 하면 상사에게 보고할 자료를 아름답게 꾸미는 데 많은 시간을 할애하기 때문에 정작 중요한 일에 시간을 투입하지 못한다는 불만이 많았다.

나는 보고서의 색상이나 도형, 텍스트를 현란하게 배치하는 장치를 좋아하지 않는다. 오히려 간결한 보고서를 선호한다. 한 눈에 메시지가 전달되는 깔끔한 보고서가 좋다. 나는 상사 혹은 자료를 읽게 될 누군가의 입장에서 가장 쉽게 보고서의 내용과 주장하고 싶은 메시지를 이해할 수 있도록 자료를 구성하도록 요구한다. 그건 자료를 '아름답게' 꾸미는 것과는 거리가 멀다. 단순할수록 좋다. 나는 이런 맥락에서 후배들에게 메시지를 효과적으로 전달할 수 있는 방법을 고민하라고 말한다.

그런데 여기에 익숙하지 못한 후배들은 나를 형식이나 디자인을 중요하게 생각하는 사람이라고 말한다. 내용을 중요하지 않게 생각한 적은 단 한 번도 없다. 내용은 기본 중의 기본이다. 엉성한 내용을 보고서의 장식이나 디자인으로 만회할 수는 없다. 만약 후배들이 별 내용도 없는 자료를 화려하게 꾸며 내게 보고한다면 나는 불호령을 내릴지도 모른다. 말하고자 하는 메시지를 효과적으로 전달하기 위해

보고서를 어떻게 디자인할 것인지 고민하라고 강조한 것이 후배들에게는 '자료를 꾸미는 것을 강조한다.'는 오해를 불러일으켰나 보다.

'내용이 논리적으로 정리되어야 한다. 그 다음은 그 논리를 가장 잘 전달할 수 있는 방법을 찾아야 한다.' 고 말하는 내게 김 대리는 일침을 날린다.

"그 봐요, 결국 디자인이 중요하다는 말이잖아요."

"……"

두번째 사건.

내일 실시하기로 되어 있는 팀 빌딩 프로그램 진행 자료를 오전과 오후 두 차례 검토를 하는 동안 도입 부분의 일부를 바꾸는 등 몇 가지 수정을 가했다. 정훈은 수정을 하면서 미소를 잃지 않았지만 그렇다고 밝은 표정은 아니었다. 어제 검토를 할 때 '이번이 마지막 수정'이라 해놓고 오늘 또 자료를 손 보고 있으니 기운이 빠질 만도 했을 것이다. 이상하게도 자료를 볼 때마다 고칠 부분이 보이고 개선할 수 있는 아이디어 - 진정한 의미에서 개선인지는 모르겠지만 - 가 떠오른다. 그러면 또 자료에 손을 댈 수밖에 없다.

내가 잠깐 특별 프로젝트를 수행하기 위해 파견을 나갔을 때 함께 일했던 팀장이 그러했다. 보고하는 마지막 순간까지 자료를 수정했다. 어제는 이것이 옳다고 했다가 오늘은 그것이 틀렸다고 했다. 하루가 지나면 또 번복하기도 했다. 어떤 때는 처음에 계획했던 것과 전혀 다른 방향으로 자료를 뜯어 고치는 대수술(?)을 감행했던 적도 있었다. 보고 기한을 하루 앞두고, 그것도 저녁 무렵에 결정을 내려 우리는 밤을 새워 자료를 다시 만들어야 했다. 정말 암담했다. 우리는 팀장이 처음부터 분명한 방향을 설정해주지 못한 것에 실망했고, 어제 했던 말을 오늘 뒤집고 내일 또 어떻게 바뀔 지 모르는 상황이 계속 전개되자 의욕을 잃었다. 우리는 그저 팀장이 시키는 대로만 자료를 만들고 수정하는 '타자병打字兵'으로 전락하고 말았다며 분개했었다. 내가 리더가 되면 절대 그러지 않으리라 다짐도 했다.

그런데 오늘 나는 그 팀장이 했던 방식을 그대로 답습하고 있었다. 사실 이번이 처음도 아니다. 요즘 자주 그런 것 같다. 조금 중요하다 싶은 자료는 마지막 순간까지 수정에 수정을 가한다. 내가 그랬던 것처럼 후배들도 나를 보며 당시 내가 팀장을 향해 가졌던 것과 똑같은 감정을 가지겠지? 미안했다. 그래도 나는 최소한 자료를 뒤집어 엎지는 않았잖아? 스스로 위로해본다. 그래도 미안한 건 어쩔 수 없다.

왜 자료를 볼 때마다 수정해야 할 부분이 보이고, 또 그냥 지나칠 수 없는 것일까? 완벽에의 충동일까? 욕심 때문이기도 하겠지, 이대로 간다면 상사에게 깨질지도(?) 모른다는 불안감? 아니면 내 자료에 확신이 없기 때문일까? 이런 과정이 반복된다면 그들도 내가 그러했던 것처럼 시키는 것만 하는 수동적인 팀원으로 변하는 건 아닐까? 걱정도 된다.

오늘 저녁에는 정훈에게 최종 수정된 자료를 내게 넘기라고 했다. 그리고는 저녁에 나 혼자 자료를 한 번 더 보면서 자료를 몇 장 더 추가했다. 내일 자료를 다시 보면 또 수정할 부분이 보일 것 같다. 걱정이다.

리더십평가에서 최악의 점수를 준
그 사람을 찾아내고 싶다

사외 교육기관에서 실시하는 리더십교육에 참가하기 위해 연수원으로 향했다.

아침 이른 시각, 지나가는 차도 드문 도로에는 묘한 설렘이 있다. 아직 깨어나지 않은 일상을 가로질러 낯선 풍광 속을 달리는 여정은 반복되는 삶의 궤적을 벗어나 일탈의 자유를 접하는 흥분을 준다. 모두들 정해진 틀 속에서 톱니바퀴 돌 듯 규칙적인 하루를 시작하는 동안, 나는 이탈이 주는 즐거움을 누린다. 산 허리를 휘감은 안개가 기지개를 켜듯 능선을 스멀스멀 기어 오르는 모양이 신비롭다. 한가로운 휴양지의 느긋한 오전 한때를 연상시킨다.

내가 참가한 교육은 처음 리더의 길을 시작하는 관리자를 대상으로 한 과정이다. 조직에서 기대하는 리더의 역할과 세부 내용을 다루고 있다. 과정 시작 전에 온라인으로 상사, 동료 그리고 후배들이 나의 리더십 역량 진단을 실시했고, 그 결과를 오늘 교육 중에 피드백 받았다.

교육 진행자로부터 결과보고서를 받아드는데 손이 가늘게 떨렸고 순간 손바닥에 땀이 뱄다. 천천히 표지를 넘겼다. 꺾은선 그래프와 수치들이 먼저 눈에 들어왔다. 그래프의 선이 평균선 약간 위에서 등락을 반복하며 이어져 있었다. 특별히 뛰어난 점도 없었고, 그렇다고 눈에 띄게 낮은 수치도 없었다. 안도의 긴 숨을 쉬었다. 긴장된 마음을 가라앉히며 첫 페이지 진단 개요부터 다시 꼼꼼히 읽어 내려갔다. 전체적인 결과가 첫 장에 요약되어 있고, 다음 장에는 각 항목별로 개인이 평가한 원 점수가 나열되어 있었다. 무기명으로 되어 있어 누가 평가한 점수인지는 알 수 없게 되어 있었다. 하나씩 차례대로 데이터를 읽어 내려갔다.

그러다가 중간쯤에서 너무도 놀라운 숫자의 행렬이 내 눈을 번쩍 뜨이게 했다. '2, 2, 1, 1, 2…….' 심장이 요동치기 시작했다. 5점 척도의 평가에서 1과 2는 최악의 점수를 의미한다. 전혀 예상치 못한 숫자에 무척 당황스러웠다. 행여라도 옆 사람이 볼까 봐 보고서를 몸 쪽으로 바짝 당겼다. 다른 평가점수도 재빠르게 훑었다. 한 명 이외에는 대부분 긍정적인 반응이었다. 짧은 순간 머리 속에 몇 가지 생각이 동시에 일었다. '누가 이런 점수를 주었을까? 누가 평소에 나에 대해 이런 부정적인 시각을 가지고 있었을까?' 누구인지 알고 싶었다. 그리고 누군지 모를 그 사람에게 화가 났다. 사실 심정적으로는 집히는 사람이 한 명 있었다. 그렇지만 그건 심증일 뿐, 꼭 그가 이런 평가를 했을 것이라 확인해주는 증거는 아무것도 없었다. 잠시 후 '그 사람은 1이 가장 좋은 수치인 것으로 착각했을 거야.' 라며 스스로 위로했다. 그러나 쉽게 흥분이 가라앉지 않았다. '누구였을까?'라는 의문이 집요하게 머리 속에서 맴돌았다. 누군지 밝혀내고 싶었다. 누군지 찾아내어 그렇게 평가한 이유를 묻고 싶었다. 억울함을 호소하고 싶었다.

잠시 후, 강의가 이어졌다. 강사는 처음 후배들로부터 평가를 받는 사람들 중에는 그 결과에 놀라고, 당황해 하고, 억울함을 느끼기도 하고 그리고 그가 누구인지 알고 싶어하는 등의 경험을 한다고 했다. 강사는 내 마음 속에서 이는 소용돌이를 알아채기라도 한 듯했다. 강의는 계속 이어졌다. 자신에게 부정적인 평가를 한 사람이 누구인지 굳이 알려고 하지 말고, 그의 피드백을 겸허히 받아들이며, 수치 또한 나에 대한 주변의 평가임을 부인할 수 없으므로 개선의 기회로 삼으라는 요지의 말을 했다.

몸에 좋은 약은 쓰다. 그러나 분명 건강에 도움이 된다. 나는 한 줄의 숫자를 거울에 비친 내 모습의 일부로 받아들이기로 했다. 나도 모르는 사이에 누군가에게 상처가 되는 말이나 행동을 했을지도 모른다. 똑같은 행동이라도 사람에 따라서는 불쾌하게 받아들일 수도 있으리라는 생각이 들었다. 후배와 동료들을 대할 때 좀 더 신중할 필요가 있다고 이 한 줄의 숫자가 내게 말해주고 있었다.

대체적으로 높은 지위에 있는 사람일수록 아랫사람의 피드백을 수용하지 않는 경우가 많다. 나의 행동을 비난하는 것 같아 속이 상하고 귀에 거슬리기 때문이다. 그동안 너무도 달콤하고 향기로운 말을 듣는데 익숙해져 있어 조금이라도 거친 언어는 거부감을 불러일으킨다. 마음이 불편해진다.

내가 알고 있는 임원 한 분은 구성원들의 피드백을 잘 수용하는 것으로 유명하다. 그분은 40대 중반을 훌쩍 넘긴 나이에도 부하 직원들의 피드백을 듣고 스스로를 변화하려 많은 노력을 기울인다. 기회가 있을 때마다 구성원들의 의견을 듣고 조직 운영에 반영을 한다. 몇 년 전만 해도 그 분은 엄하기로 소문난 사람이어서 구성원들이 감히 다가가기를 두려워했었다고 한다. 그 분께 이런 엄청난 변화의 비결을 여쭈었더니 참을 忍 자 세 개라고 했다. 후배들의 업무수행결과나 행동이 마음에 들지 않을 때는 손으로 혹은 머리 속에서 忍 자를 세 번 쓴다고 했다. 순간적으로 치밀어 올랐던 감정이 단 몇 초만 참으면 거의 소멸 된다고 했다. 그 다음엔 다시 상대의 말이 들어오기 시작한다. 소통의 물꼬가 열린다.

겨울,
어제보다 더 나은
내일을 준비하며

리더는 이제 더 이상 '초보'라는 딱지를 붙이지 않아도 된다.
흘러가는 계절 속에서 그만큼 성숙했다.
보다 세련된 방법으로 보다 큰 그림을 그리며, 리더는 두 번째 나이테를 그려갈 것이다.

세 가지 거울에 비추어라

여행은 늘 가슴을 설레게 한다. 수평선 너머 뭉게구름 피어 오르는 판타지이며, 지평선 위로 붉게 번지는 노을의 몽환적 환상이다. 시간을 놓고 쉬어가는 여유이며, 길을 잃을 자유다. 걷고 싶을 때 걷고 피곤하면 쉬어가고, 배고프면 먹고 졸릴 때 잠들 수 있는 자유다. 길을 가다 아름다운 곳 있으면 잠시 쉬어가고, 쉼이 지루하면 다시 길을 나설 수 있는 자유다. 아침과 함께 일어나고 어둠과 함께 잠들 수 있는 자유다. 바람이 불면 바람이 이끄는 대로 몸을 맡길 수 있는 자유로움이다.

여행은 경계가 허물어 지는 것, 나의 생과 너의 생이 서로 침투해 뒤섞이는 것이다. 나의 마음과 너의 마음이 푸른 바람으로 유영하는 것이다. 젖은 아침이슬이 반짝이고, 깊숙이 들어온 햇살이 눈부신 숲

속을 걸어가는 가벼움이다. 생의 빛나는 한 때 타인의 시선을 의식하지 않은 채 자연을 누릴 수 있는 자유이다. 여행은 완전한 소통이다. 맨 몸으로 자연과 하나되는 그런 편안함이 온 몸을 휘감는 자유, 그것이 바로 여행이 주는 또 하나의 축복이다.

치열한 생生의 현장에서 한걸음 물러난 방관자의 여유다. 숲을 가로질러오는 한 줄기 바람에도 감동받을 수 있고, 길 위를 뒹구는 돌멩이 하나에 애정 어린 눈길을 보낼 수 있는 것도 여행이 주는 여유로움 때문이다. 혼자이면 걸리는 게 없어 자유롭고, 둘이면 외롭지 않아 좋다. 자유를 원하면 자유를 누리고 외로우면 함께할 수 있는 자유. 축복이다. 여행의 자유가 축복일 수 있는 까닭은 돌아올 일상이 있기 때문이다. 자유에 중독된 삶, 무한한 자유는 오히려 또 다른 구속이다. 자유와 일상의 질서 사이의 경계를 넘나드는 즐거움, 여행은 넘나들기의 또 다른 이름이다.

"수많은 문명이 훑고 간 바다를 사이에 두고 여전히 삶은 그렇게 계속되고 있었다. 문득 삶이 위대해 보이는 순간이다. 이 겹겹의 문명도 이런 반복적인 하루하루가 쌓여 이뤄졌으리라. 화가들의 유명한 작품도, 음악가들의 선율도, 모두 이렇게 별 다를 바 없는 일상의 틈 속에서 창조되겠지."

-《히피의 여행 바이러스 중에서(박혜영 저)》

어제까지의 시간이 쌓여 오늘을 이루었다. 어제까지의 행복에 오늘의 행복이 더해졌으므로 나는 지금이 가장 행복하다. 어제 내가 쌓은 노력만큼 역량이 더 보태졌으므로 어제보다 한 발짝이라도 더 나아갔으리라. 반복적인 하루였지만 돌이켜보면 수 많은 사건들이 얽히고 설킨 시간이었다. 나의 생生은 계절이 지나는 동안 얼마나 익어갔을까? 나의 모색과 나의 땀, 나의 고뇌는 맛이 깊어지고 농밀해졌을까?

찬 바람이 옷깃을 여미게 하는 계절이 시작된다. 한낮에도 매운 바람이 비명을 지르며 날카롭게 파고드는 날, 난로 위의 주전자에서 물이 끓고 실내는 아늑하다. 창 밖의 사물들은 무성영화처럼 흐른다. 혹한의 시절을 잘 버텨야 다가올 봄을 기약할 수 있을 것이다. 겨울이 시작되었다고 반드시 봄이 오는 것은 아니다. 겨울 동안 인내하고 다음 봄을 준비하며 기다린 자에게만 희망의 계절이 준비된다.

동양 리더십의 고전이 되었고 정치의 실천 지침서이자 제왕학과 참

모학의 성전聖典으로 일컬어지는 《정관정요貞觀政要》라는 책이 있다. 《정관정요》는 당 태종과 그의 신하들이 정치에 관해 나눈 중요한 언행을 당 태종 사후 약 50년이 지난 무렵에 사관 오긍嗚兢이 기록한 책인데, 많은 군주들이 읽었다. 우리나라에서도 대대로 왕의 필독서였으며, 일본에서도 도쿠가와 이에야스가 애독하면서 민간에도 읽도록 장려했다고 한다. 《정관정요》의 요체는 군주의 자세다. 한 국가를 살기 좋고 평화로운 곳으로 만들기 위해 군주에게 요구되는 덕목을 제시하고 있는 책이다. 군주의 자세는 리더의 자세로 바꾸어도 그대로 적용될 수 있다.

오긍은 '동銅으로 거울을 만들면 의관을 단정하게 할 수 있고, 고대 역사를 거울로 삼으면 천하의 흥망과 왕조 교체의 원인을 알 수 있으며, 사람을 거울로 삼으면 자기의 득실을 분명하게 알 수 있다.'는 태종의 말을 가슴에 새기며 《정관정요》를 편찬했다고 한다.

리더 또한 세 가지 거울에 비추어 자신을 돌이켜보고 가다듬는다면 훌륭한 리더로 성장할 수 있다. 우리 주변에는 수 많은 거울이 있다. 출근하기 전에 거울에 비친 자신의 모습을 보며 밝은 표정으로 오늘도 많이 웃을 것을 다짐해본다면, 그리고 엘리베이터의 거울, 화장실의 거울, 책상 위에 놓인 거울을 볼 때마다 미소를 지어본다면 조직의 분위기는 한결 밝은 곳이 될 것이다. 또한 역사 속 리더들의 행적을 좇아 자신의 행동에 비추어보고 나를 바꾸어 갈 수 있다.

리더에게 특히 중요한 것은 '사람'에게 비추어 보는 일이다. 리더십 전문가인 맥스 드프리는 '탁월한 리더십의 증거는 추종자들의 모습에서 가장 먼저 찾아볼 수 있다.'고 말한다. 탁월한 리더이건 불량 리더이건 구성원들에게 영향을 미친다.

어떤 리더가 유능한지 확인하고 싶다면, 그의 말을 듣기보다 구성원들을 보면 알 수 있다. 다시 말해, 내가 어떤 리더인가 알고 싶다면 내 후배들이 어떤 모습인지를 살펴보면 된다. 그들이 나를 믿고 따르고 있는가, 후배들은 변하는 모습을 보여주고 있는가? 그들이 성장하고 있는가? 또, 그들은 자신의 일에서 성과를 내고 있고 팀 전체의 목표를 향해 협력하고 있는가? 이런 점을 살펴 봄으로써 나의 리더십을 확인할 수 있다.

게다가 리더십은 대물림 된다. 즉 좋은 리더 아래에 있던 구성원은 좋은 리더로 성장할 가능성이 높고, 불안하고 건강하지 못한 리더와 함께 했던 구성원은 리더가 되어서도 건강하지 못할 확률이 높다. 조직과 후배, 그리고 나를 위해서라도 늘 세 가지 거울에 비추어 끊임없이 자신을 갈고 닦아야 한다. 이 겨울, 하루하루를 농밀하게 채워 내년 봄을 희망하리라.

신입사원에게는
3개월의 시간을 준다

신입사원은 조직에 활력을 준다. 그들을 통해 조직은 젊음과 신선함을 유지한다. 새로운 시각으로 일과 조직을 바라볼 수 있기 때문에 기존의 방식에 변화를 모색할 수 있는 기회가 되기도 한다. 그들이 당장 조직을 바꿀 수는 없다. 경험이 부족한데다 조직의 역사를 모르기 때문이기도 하고, 그만한 영향력이 없기 때문이기도 하다. 그들의 의견은 기존 사원들에게 당치 않은 생각으로 간주되어 무시되거나 유치찬란한 아이디어로 취급 받기 일쑤다. 한두 번 의견을 제시했다가 무시 당하는 경험을 하게 되면 그들은 의기소침해진다. 점차 새로운 아이디어를 제기하는 회수가 줄어들고 결국 입을 닫아 버린다.

내가 신입사원이었을 때, 선배들이 일하는 방식을 보며 '왜 저렇게 할까?'라는 의문이 들었던 적이 한두 번이 아니었다. 신입사원인 내가 봐도 분명 더 효율적인 방법이 있는데, 왜 저들은 그런 방식으로 일을 하고 있는지 도무지 이해되지 않았다. 조직이 운영되는 방식도 불합리 투성이었다. 선배들에게 몇 번 말해보았지만 매번 '현실적인 제약 때문에 어쩔 수 없다.'는 대답만 돌아왔다. 그들이 이야기한 '현실'은 결코 넘을 수 없는 벽인 듯 견고하고 높아 보였다. 암담했다. 나는 절망스러웠지만 포기는 하지 않았다. 내가 그들의 위치에 이르면 관행과 일 처리 방식을 반드시 바꾸리라 다짐했다.

그런데 시간이 흘러 내가 그들의 자리에 오르자, 신입사원 시절에는 도무지 이해되지 않았던 것들이 모두 이해되기 시작했고 그것이 내게 도 가장 편한 일 처리 방식이 되어 있었다. 현실적인 어려움을 누구보다 잘 인식하게 되었고 실현 가능한 대안을 찾으려 애를 썼다. 결과적으로 차선책을 따르는 나를 발견할 수 있었다. 신참 때 가졌던 문제의식과 그 대안이 무엇이었는지 기억조차 나지 않았다.

그래서 나는 신입사원들에게 그들이 느끼고 생각하는 것들을 기록해두라고 한다. 회사 생활에서 또는 일을 하는 과정에서 불합리하거나 개선이 필요한 것들을 모두 메모해두라고 했다. 지금 당장은 경험이 부족하고 조직 내에 벽이 두텁기 때문에 그들의 생각을 곧바로 적용시킬 수 없더라도 문제의식을 가지고 조직과 일을 바라보라고 했다. 늘 싱싱한 눈을 유지하라고 주문했다. 조직에 동화되어 문제를 문제로 인식하지 못하게 될 때 그 때의 기록을 꺼내 보면 감각을 되새길 수 있을 것이다. 신입사원이 기존 조직에 문제의식을 갖지 않는다면 신입사원을 받아들인 의미가 반감된다. 그는 이미 신입사원이 아니다.

우리 팀에도 신입사원이 입사한 지 한 달이 지났다. 나는 한 달 동안 그들에게 업무를 거의 주지 않았다. 멘토를 한 명씩 정해주어 조직적응을 돕도록 했을 뿐, 그들에게 책임져야 할 일을 맡기지 않았다. 그들이 조직에 충분히 스며들 수 있도록 시간을 준 것이다. 그리고 그들이 생각했던 혹은 꿈꾸었던 미래 모습을 이 조직에서 찾을 수 있을지 생각해볼 기회를 주었다. 그들은 선배들을 도우며 일이 돌아가는 모양을 어깨 너머로 봤다. 그 과정에서 과연 이 곳이 자신의 젊음을 쏟아 승부를 걸 수 있을 만한 분야인지 판단하게 된다.

나는 그들에게 3개월의 시간을 주겠다고 했다. 그동안 나는 세 번 그들과 면담을 한다. 모색의 과정을 점검하고 긴장감을 유지시키기 위해서다. 오랫동안 고민을 한다고 해서 더 나은 결과를 얻는 것은 아니다. 마감 시한이 주어져야 집중할 수 있다. 처음에 나는 두 달 정도 시간을 주지만 그들이 원한다면 한 달 정도 추가적인 시간을 더 준다. 그래서 3개월이다. 그동안 이 길이 그의 길이라는 확신을 어느 정도 가지게 되면 나는 그들을 정식으로 받아들이고 함께 길을 걸어갈 것이다. 그렇지 않다면 그의 기질과 색깔에 어울리는 다른 길을 찾을 수 있도록 도와줄 것이다.

　사실 나는 별 생각 없이 선배들과 친구들을 따라 취직을 했다. 미래에 어떤 일을 할 것인가는 그리 중요하지 않았다. 그냥 취직을 했다. 단 한 번의 머뭇거림도 없었다. 대학을 졸업하면 당연히 따라가야 할 정해진 길이라 여겼다. 그 후로 몇 년 동안은 나름대로 즐거웠다. 일도 그리 힘들지 않았고 큰 고민도 없었다. 모든 것들이 새로웠고 흥미로웠다. 아침이면 출근하고 저녁이면 퇴근하는 일상이 반복되었다. 그러는 동안 나는 삶에 젖어 세상이 흐르는 대로 흘러가고 있었다.

　그러던 어느 날 친하게 지내던 선배들이 명예퇴직이다 구조조정이다 해서 조직을 떠나는 광경을 목격하고는 정신이 번쩍 들었다. 나만의 무기 없이는 미래 자체가 불투명하다는 위기감이 날 선 북풍처럼 나를 찔러왔다. 나의 존재를 증명할 수 있는 길을 찾기 위한 방황과 모색의 시간이 1년하고도 7개월 동안 계속되었다. 대충 보냈던 시간에 대한 혹독한 대가였다. 생각 좀 하며 살라는 훈계였다. 잠이 오질 않았다. 몸은 잠 들었는데 정신은 깨어 있는 날도 많았다. 그런 날에는 몸은 피곤한데 긴장은 풀리지 않았다. 몸과 정신이 분리되어 따로 노는 듯했다.

　나는 후배들이 나와 같은 길을 걷게 하고 싶지 않았다. 목표가 선명하지 않으면 얄팍한 유혹에도 쉽게 흔들리기 쉽다. 목적지가 분명하지 않으면 열정을 쏟을 수 없다. 그저 그런 삶을 살다 또 그저 그런 위기에 스러질 것이다. 가능한 빠른 시기에 자신의 길을 가능한 선명하게 그리기를 바랬다. 그래서 목표를 향해 더 많은 시간을 쏟아 부을 수 있기를 기대했다. 그래서 그들에게 모색의 시간을 주려 한다.

오늘은 그들과의 두 번째 면담이 있었다.

안타깝게도 그들은 아직 흔들리고 있었다. 그들의 떨리는 음성과 분명하지 못한 어투에 모호한 불안이 묻어 있었다. 실제 들어와 바라보는 회사라는 조직과 HRD의 풍광은 바깥에서 막연히 상상하던 것과 너무 달랐다고 했다. 한 명은 다른 부서를 희망했다. 다른 사람을 조금 더 가까이에서 직접 도울 수 있는 부서에서 일하고 싶다고 했다. 다른 한 명은 아직 모르겠다고 했다. 나는 두 사람 모두 좀 더 고민해 보라고 말해주었다.

대부분 신입사원들은 희망에 부풀어 있다. 그러나 저마다의 이유로 흔들리기도 한다. 현실감각을 가지는 것도 필요하고, 좀 더 유연한 사고도 필요해 보인다. 그러나 더 중요한 것은 앞으로 걸어가야 할 자신의 길을 가능한 빨리 찾는 것이다. 그리고 열정을 다해 걸어가보는 것이리라.

자신의 일에
가치를 느끼지 못하는 후배

낮에 연수원에 다녀왔다. 상일이 진행하고 있는 품질교육 과정이 어떻게 운영되고 있는지 확인도 하고 연수원 운영팀원들도 만날 겸 시간을 내었다. 강사와 점심식사를 함께하며 사원들의 학습 분위기도 들어보고 필요한 것이 있는지도 물어보았다. 오후 교육이 시작되는 것을 확인하고는 상일과 함께 1층 라운지에서 교육운영에 관한 이야기를 나누었다. 이야기가 끝날 즈음 상일이 물었다.

"내년에도 제가 이 교육 과정을 운영해야 하나요?"

왜 그러냐고 묻는 내게 그는,

"2년 동안이나 똑같은 교육 과정을 운영했지 않습니까? 사실 이 교육 과정은 아무도 맡고 싶어 하는 사람이 없고, 당시 전임자가 다른 부서로 이동하면서 부장님이 제게 당분간만 맡아달라고 한 건데, 그동안 아무 말없이 지금까지 오게 된 것 아닙니까? 저도 이제 다른 일을 하면 안될까요?”

상일의 말은 한 가지 업무를 오랫동안 해왔기 때문에 지루하기도 하고, 또 그 일은 전혀 흥미가 느껴지지 않는다는 의미였다. 또 일을 하면서 자신이 성장하고 있다는 생각이 들지 않는다고 했다. 지금의 일에서 어떤 가치도 찾을 수 없다는 것이다. 그래서 이 일을 계속하면 동료들에 비해 자꾸만 뒤처지게 될 지도 모른다는 위기감이 들었다고 했다. 명색이 교육부서에 일하는 사람인데, 강사를 섭외하고 교육생을 모집하고 교육 참가 안내문 보내고 출석확인하고 강사를 소개해주는 등 단순반복적인 일만 해서 나중에 어떤 경쟁력을 가질 수 있겠느냐는 것이었다. 이런 일들은 전문적인 지식 없이도 누구나 할 수 있는 일이기 때문에 자신의 몸값을 올리는 데 전혀 도움이 되지 않을 것이라는 의미였다. 그래서 그도 돋보이는 업무를 하고 싶어했다. 올 초에도 똑같은 말을 했었다.

어제는 미정이도 그와 비슷한 말을 했다. 자신이 핵심인재 육성을 책임진다고는 하지만, 실제로 하는 일을 들여다보면 핵심인재로 선발된 사람들의 학비와 생활비, 도서구입비 등을 지원하는 품의서를 작성하고 송금을 해주는 단순한 행정업무 처리에 불과하다는 것이다. 이런 단순 반복적인 일은 그녀가 가진 역량의 5%도 필요하지 않고,

그녀는 그 일에서 성취감이나 만족감을 찾을 수 없었다. 또 이 일을 아주 잘 하게 된다 해도 자신의 경력에 도움이 될 것 같지도 않아 보인다고 했다.

두 사람의 의도는 자신의 가치 즉, 몸값을 올릴 수 있는 빛나는 일을 하고 싶다는 것이다. 일을 하는 과정에서 자신의 역량도 키울 수 있는 일을 하고 싶다는 뜻이고 그리하여 일에서 보람을 찾을 수 있기를 바란다는 의미였다. 지금 그들이 수행하는 업무는 주목 받는 일도 아니고, 일을 아주 잘 하게 된다고 하더라도 경력에 도움이 되지 않는다고 생각하는 듯했다. 또 그들의 역량에 비해 너무 낮은 수준의 일이기도 하고 그들의 흥미와도 거리가 있어 보였다.

어떤 이는 입사할 때부터 운이 좋아 많은 사람들의 주목을 받는 일을 맡게 되어 늘 빛나고, 또 어떤 이는 아무도 관심을 가져주지도 않고 큰 가치를 만들어내는 일도 아니지만 누군가는 해야만 하는 일을 맡아 음지에서 오랜 시간을 보내기도 한다. 신입사원으로 막 입사를 한 시점에는 두 사람의 실력이 도토리 키 재기에 지나지 않는다. 그런데 사람들이 가치를 인정하는 일을 맡은 사람은 늘 빛나고 좋은 평가를 받으며 몸 값을 올리는 반면, 음지에서 일하는 사람은 존재감마저 희미해진다. 처음에 어떤 일을 맡느냐에 따라 그의 직장생활이 크게 달라지는 것처럼 보인다.

처음에 어떤 일을 만나느냐에 따라 삶이 달라질 수 있다. 그건 어쩔 수 없는 진실이다. 그렇지만 자신의 삶은 스스로 바꿀 수 있다. 이것 또한 명백한 진실이다. 현재 자신의 일을 책임지지 못하는 사람에게 중요한 일을 맡길 상사는 없다. 자신의 일에서 최선을 다하고 열정을 보이는 사람은 기회를 잡을 수 있다. 그러나 언제든 준비는 되어 있어야 한다. 지금 너는 네가 희망하는 일을 하기 위해 어떤 준비를 하고 있으며, 어떤 모습을 상사들에게 보여주고 있는가? 성실성 하나 만으로 승부하던 시대는 지났다. 열정과 너의 전문성을 보여 주어야 한다. 지금 하고 있는 일에서 너의 존재가치를 상사들에게 보여주어라. 그러면 반드시 기회는 찾아오기 마련이다.

상일에게 내 친구의 이야기를 들려 주었다. 그가 입사를 해서 처음 맡은 업무는 회사홍보였다. 그는 수출이나 수입 업무를 하고 싶어했지만 기회가 주어지지 않았다. 그의 일은 회사를 방문하는 외국 고객들에게 회사와 공장을 소개하는 것이었다. 처음 그 업무를 인수인계 받았을 때 자료는 기획팀에서 만들고, 고객에게 회사를 소개하고 공장라인을 안내하는 일은 또 다른 팀의 팀장이 했다. 그가 하는 일이라고는 고객의 회사 방문일정표를 만들어 보고하고, 기획팀에 자료 제작을 의뢰하고, 회사소개를 해줄 사람을 섭외하는 것이 전부였다. 그는 곧 싫증이 났다. 고작 이런 일을 하기 위해 몇 년씩 공부를 한 것은 아니라는 생각이 들었다. 실제로 전임자들의 직무만족도가 매우 낮았다. 전임자들은 오래 버티지 못하고 그만두거나 자리를 옮겼다.

친구는 그의 역량을 펼칠 수 있는 방법을 모색했다. 그러다가 자료를 만들고 소개하는 일을 다른 팀에게 맡기는 이유가 지금까지 팀에서 그런 일을 해본 적이 없고 전임자가 영어도 잘 못했기 때문이라는 사실을 알게 되었다. 그는 두 가지 모두를 스스로 하겠다고 마음 먹고는 상사에게 보고했다. 두 달 동안 그는 회사의 제품에 대해 보다 깊이 이해하기 위해 사내에 개설된 교육 과정을 찾아 다녔다. 수강생들은 그를 제외하고는 모두 개발 연구원이나 공정 엔지니어들이었다. 연구들에게는 아주 기본적인 내용도 그 친구에게는 생소했고 이해가 되지 않는 부분이 많았다. 그래서 그는 틈만 나면 엔지니어들에게 물었다. 교육을 마칠 때쯤에는 제품에 대해서도 어느 정도는 이해하게 되었고, 그들과도 가까워지게 되었다.

마침내 그는 회사소개 자료를 직접 만들어 고객 앞에서 직접 영어로 프레젠테이션을 하기 시작했다. 일의 내용을 바꾸고 난 뒤 주변에서 그를 보는 시선도 확연히 달라졌을 뿐만 아니라, 그의 뒤를 이을 후임을 뽑는 기준도 달라졌다고 한다. 직무의 격이 현격히 높아진 것이다. 또한 고객과 함께 온 수출팀의 팀장도 그 모습을 보고 몇 차례 자리를 제안하기도 했다.

결국 나는 자신의 직무가치는 스스로 만들어낼 수 있다는 사실을 알게 되었다. 나는 상일과 미정에게 지금이 오히려 두 사람에게는 기회일 수 있다고 말해주었다. 지금 하고 있는 일이 주목을 받지 못하는 일이라면, 조금만 변화를 주어도 크게 놀라게 할 수 있을 것이기 때문이다. 내가 두 사람의 일에 크게 신경을 못 써 준 것에 대해 미안하다고 말하고, 내년에 두 사람의 일을 빛나는 일로 만들어 줄 방법을 함께 찾아보자고 제안했다.

세상에 가치 없는 일이란 없다. 지금까지 두 사람이 겪었던 경험은 내일을 위한 든든한 받침대가 될 것이다. 게다가 이들 두 사람의 열정과 실력이라면 지금까지 쌓은 튼튼한 토대 위에 더 멋지고 빛나는 성을 쌓을 수 있을 것이라 믿는다. 어쨌거나 내년에는 이들을 위해 내가 어떤 도움을 줄 수 있을 지 깊이 고민해봐야겠다.

나는
뒷담화가 싫다

푸르스름한 테두리에 붉은 빛 할로겐 글자가 까만 어둠과 선명한 대조를 이루는 간판은 축축한 날씨에 나름의 운치를 더해주었다. 찬 바람이 떼를 지어 거리를 몰려다니는 바깥과는 달리 실내는 아늑하다. 조금 오래된 잔잔한 팝 음악이 실내를 채운다. 늦은 오후부터 잿빛 구름이 하늘을 덮어 을씨년스러웠는데 밤이 되자 먹구름의 칙칙한 기운도 어둠에 잠겨버렸다.

정훈과 병국, 지성 그리고 나. 네 명이 오랜만에 맥주 잔을 앞에 두고 앉았다. 우리는 여느 때와 다름없이 웃고 떠들며 시간을 죽이고 있었다. 시시껄렁한 농담을 주고 받기도 하고 우리 팀의 나아가야 할 방향에 대해 꽤나 진지하게 토론하기도 했다.

음악이 바뀌고 화장실을 다녀온 병국이가 자리에 앉으며 툭 던지듯
한 마디 했다.

"그런데, 옆 팀 최 차장님이 그렇게 애들을 못살게 군다면서요?"

"무슨 말이야?"

나는 잔을 내려놓고 오징어 다리를 찢으며 물었다.

"어제 정 대리가 말하는데, 사람을 아주 쥐 잡듯 한다나 봐요. 보고
서에 오타를 하나 발견하면 그걸로 한 시간을 깬다나 어쩐대나…….
정 대리가 최 차장님 욕을 얼마나 하던지, 그도 질리도록 당했나 봐
요."

말을 마친 병국이 맥주 잔으로 입을 적시고는 내려놓았다.

"저도 같이 있었는데, 정 대리뿐만 아니라 그 팀 사원들이 모두 최
차장을 '공공의 적' 쯤으로 이야기 하던걸요."

정훈이 동조하며 말을 이었다.

"박 과장님도 몇 일 전에 최 차장에게 심하게 당했는지 어제 미정
이를 붙잡고 한 시간 동안이나 하소연했대요. 게다가 박 과장은 하나
하나 예를 들어가며 미정이한테 최 차장이 얼마나 형편없는 사람인지
말해주더랍니다."

지성이가 미정이의 이야기를 전했다.

"그런데 박 과장은 후배들에게 상사나 동료들 욕을 그렇게 하나 봐
요. 얼마 전에도 최 대리를 붙들고 또 거의 한 시간 동안 팀장의 잘못

된 의사결정에 대해 비난을 하고 몇몇 후배들과 동료들에 대해서도 능력이 떨어진다며 악담을 퍼부었대요. 얼마나 심한 말을 하는지 최 대리도 듣는 동안 불편해 죽을 지경이었다고 하더라고요."

정훈이 심각한 표정으로 말을 이었다.

"최 대리도 박 과장의 말을 들으면서 불안했답니다. 혹시 다른 사람한테 가서는 자신에 대해서도 그렇게 이야기하는 건 아닌가 하고요."

"내 욕은 안 했대?"

나는 웃으며 물었다.

"이번에는 빠졌답니다. 축하합니다."

병국이 너스레를 떨며 말했다. 하나도 기쁘지 않았다.

술자리에서 상사는 단연 최고의 안주다. 평소 상사에게 받은 스트레스를 술자리에서 씹는 재미는 무엇보다 유쾌한 안주거리다. 아무리 씹어도 결코 질리는 법이 없다. 동료들과 술을 마시면서 종종 상사의 흉을 보거나 그들의 잘못을 꼬집어 비난하며 카타르시스를 맛보기도 한다. 요즘은 인터넷에 '직장상사 욕하기' 카페도 개설되어 있다. 온갖 내용의 욕이 등장하고 소심한 복수 비법을 공유하기도 한다. 또 레스토랑에도 상사 욕하기 좋은 방을 만들어 홍보하기도 한다. 이렇게 한 바탕 내뱉고 나면 속이 후련해지고 다시 살아갈 에너지를 얻게 된다고 한다. 후배들끼리 모이면 나 또한 그들의 맛있는 안줏감으로 난도

질 당할 것이다. 나도 완벽하지 않으니 피해갈 수는 없다.

문제는 내 앞에서 누군가가 동료나 상사를 비난하는 경우다. 나는 후배들이 내 앞에서 다른 팀의 동료나 상사의 허물을 들춰내는 것을 그다지 좋아하지 않는다. 다른 사람의 욕이나 비난을 듣는 것이 유쾌하지도 않을뿐더러, 내가 없는 자리에서는 나에 대해서도 그렇게 불평을 하거나 비난을 할 것이라 짐작할 수 있기 때문이다. 내 앞에서 동료나 상사의 욕을 하는 사람은 내가 없는 자리에서 틀림없이 나에 대해서도 그렇게 악담을 할 것이다. 그를 경계할 일이다.

그런데 만약 우리 팀원 중에 누군가가 내게, 내가 모시고 있는 상사의 행동이나 의사결정에 대해 비난을 한다면 어떻게 해야 할까? 그들의 의견에 동조해야 하나? 그들의 솔직함에 박수를 보내며 나도 덩달아 상사의 허점을 꼬집는 것이 옳을까? 안주의 포식자로 그들과 함께 한다면? 그러면 그들은 내가 그들 편에 서 있는 동지로 나를 대하겠지. 그렇게 되면 나의 상사는 우리 모두의 '공공의 적'이 되고, 나는 적군파의 우두머리가 되는 셈인가? 그리고 그 다음엔? 후배들 중 우두머리가 나를 비난하는 무리들의 수장이 되겠지? 후배들은 선배를 보고 배운 대로 행한다고 하지 않던가? 좋든 싫든 전통(?)은 계승된다.

만약 내가 그들의 의견에 동의하지 않고 내 상사의 행동이나 의사결정을 지지하면서 방어한다면 앞으로 그들은 내게 입을 닫을 지도 모른다. 나도 그들과는 다른 세계에 존재하는 리더 그룹의 일원으로 간주하고 그들의 세계에 관한 일체의 정보와 차단시키려 할 것이다. 나를 리더 그룹의 끄나풀 정도로 대할까? 그렇다면 어떻게 해야 하나? …… 그들의 의견에 공감은 하면서도 상사가 그렇게 행동할 수밖에 없었던 상황을 넌지시 설명하면 어떨까? 상황에 따라 다르겠지만, 어떤 상황에서건 그들과 동조해서 공개적으로 상사를 공격하는 것만은 피하고 싶다. 아, 쉽지 않다. 어떻게 해야 하나…….

논어의 양화편陽貨篇에 보면, 자공이라는 제자가 공자에게 '군자도 미워하는 사람이 있습니까?'며 묻는 장면이 나온다. 공자는 대답한다.

"남의 나쁜 점을 말하는 자를 미워하며, 아래에 있으면서 윗사람을 비방하는 자를 미워하며, 용맹이 있으되 예禮가 없는 자를 미워하고, 과감하기만 하고 융통성이 없는 자를 미워한다."

공자님도 남 욕하는 사람을 미워했다는데 하물며 나 같은 범인이야 어떻겠는가?

내가 있으면
불편해 한다

지난 주 초부터 팀원들의 퇴근이 많이 늦어지고 있었다. 기존에 진행 중이던 프로젝트들이 막바지에 다다르면서 정리해야 할 일도 많은데 다 대규모 신입사원교육이 시작되었기 때문에 다들 눈코 뜰 새가 없었다. 내가 남아 있다고 해서 그들에게 도움이 되는 것은 아니었지만, 팀원들이 늦게까지 고생을 하고 있는데 나만 일찍 퇴근하기가 미안해 함께 남아 있었다. 오늘은 야간 교육이 있는 날이었는지 지성이와 병국이가 강의장과 사무실을 오가며 교재와 자료들을 옮기느라 분주하다. 그들이 문 여닫는 소리, 쿵쿵거리며 뛰어다니는 소리가 한동안 계속 되었다. 강의장 여기저기에서 와자지껄한 웃음이 터지고 즐거운 소란이 일었다. 신입사원들이 팀 활동을 하고 있는 듯했다. 그들이 교육을 받는 강의실은 건물의 동쪽 끝에 있고, 내가 있는 사무실은 서쪽 끝에 위치하고 있어 꽤 먼 거리였지만 젊고 싱싱한 목소리는 벽을 뚫고 건물 내부를 파고 들었다. 학교를 졸업하고 새로운 시작을 준비하는 이들의 설렘과 흥분이 묻어 있었다. 생기 발랄한 기운이 부러웠다.

신입사원들이 한바탕 괴성을 지르고 건물을 빠져나가자 느닷없는 정적이 흘렀다. 사무실은 일상의 고요(?)를 되찾았다. 먼지들도 제 자리를 찾고 공기도 질서정연한 운행을 다시 시작한다. 우리는 사무실을 정리하고 회사 근처 맥줏집으로 향했다. 내일 또 아침 일찍 일과를 시작해야 했지만 한 숨 돌릴 여유를 가지기로 했다. 사실 그들은 올초부터 거의 쉴 틈 없이 늦은 퇴근을 계속해오고 있었다. 그들의 힘든 생활에 조금이라도 위로가 되어 주고 싶었다. 쌉싸름하면서 톡 쏘는 맥주의 질감이 혀끝에서 목을 자극하며 몸으로 파고든다. 우리는 맥주 한 잔을 단숨에 들이키고 동시에 잔을 내려놓았다. 뒤돌아볼 틈도 없이 보낸 하루에 쌓여 있던 갈증이 시원하게 뚫리는 듯했다. 한 시간여 동안 이런저런 업무 이야기와 삶에 대해, 그리고 항간에 떠도는 연예인들의 뒷이야기 등 시시껄렁한 잡담을 쏟아냈다. 하루를 아주 기분 좋게 마무리하는 자리였다. 삶의 유쾌한 한때가 흘러가고 있었다. 그런데 병국이 느닷없이 한 마디를 날린다.

"팀장님 주말에는 사무실에 좀 나오지 마세요. 팀장님 의도는 알겠는데, 오히려 저희가 불편해요."

주말에는 좀 편하게 일을 하고 싶은데 내가 있으면 괜히 신경이 쓰인다고 했다. '어, 이게 아닌데…….' 나는 팀원들이 주말에 나와서 일하고 있는 게 마음에 걸려 함께 고통을 분담(?)하려고 한 건데 오히려 불편하다니……. 팀원들은 휴일에 출근하거나 밤늦게까지 남아 있는데 리더는 혼자 쉬거나 일찍 퇴근하는 것은 의리 없는 짓이라 생각했지만, 그들은 전혀 다른 말을 하고 있었다. 그는 내게 가능한 저녁에도 일찍 퇴근하는 것이 그들을 위하는 일이라고 했다. 만일 도움이 필요하다면 전화를 하면 된다는 것이다. 기분이 묘했다. 그의 말이 진담인지 농담인지 헷갈렸다.

사업부장님 중 한 분은 거의 매주 주말에 사무실에 나오신다고 한다. 자신은 혼자 조용히 생각을 정리하기 위해 휴일에 사무실에 나오는 것뿐이니 다들 전혀 개의치 말라고 말씀하셨지만, 산하 임원과 팀장들은 사업부장님이 출근하시는데 그들이 출근하지 않으면 괜히 신경이 쓰인다는 말이 기억났다. 그 때는 그 말이 이해되었고 그럴 수도 있겠구나 싶었지만 내가 팀원들에게 그 사업부장님과 비슷한 존재가 될 수 있다는 생각은 하지 못했다.

일전에 어느 잡지에서 직장인을 대상으로 실시한 설문결과를 본 적이 있다. '직장에 출근하는 것이 가장 기분 좋을 때가 언제냐?'는 질문에 3위가 월급날이었고, 2위가 직장에 좋아하는 사람이 있을 때, 그리고 1위는 상사가 없는 날이라고 했다. 병국의 말에 따르면 내 상황에도 딱 들어 맞았다. 리더가 없어져 주는 것이 팀원을 도와주는 길이다. 괜히 남아있다가 도와준답시고 한 마디 하면 결국 그들에게는 부담만 더해질 뿐이다.

또 나를 포함한 많은 리더들이 팀원들을 격려하고 위로해준답시고 밤늦게까지 같이 남아 있고 야식이나 술을 마시러 같이 가서 이야기 들어주고, 휴일에 출근도 함께 해주곤 한다. 그런데 그들은 불편해 한다. 왜 그럴까? 휴일에도 상사의 눈치를 봐야 하니까……. 그리고 밤에는 비슷한 또래들끼리 할 말도 있는데 내가 끼어들면 그들만의 이야기를 나누지 못하니까……. 같이 술 마시고 야근하고 특근도 하고, 처음에는 같이 놀아(?)주는 리더가 격의 없어 보이고 좋아 보인다. 그러나 굳이 리더가 아니더라도 그들의 고민을 함께 나눌 동료가 있고, 굳이 내가 아니더라도 술 한 잔 할 수 있는 사람이 있기 때문에 마냥 팀원들과 어울리려 하는 리더를 좋게만 보지 않을 수도 있다.

그렇다면 진정 그들을 위하는 일이 무엇일까? 그들이 편하게 일할 수 있도록 가능한 사라져 주는 것도 한 방법일까? 그러다가 결정적인 순간에 한 방 날려줄 수 있다면, 이런 것이 진정으로 그들을 위하는 걸까? 그런데 그 '한 방'은 뭘까?

호랑이는
고독하다

동물 왕국의 통치자인 호랑이는 자신에게도 부족한 면이 있다는 점을 인식했다. 그래서 다른 동물들로부터 충고를 듣고 싶었다. 그는 원숭이에게 물었다.

"너는 내 친구냐?"

원숭이가 대답했다.

"물론입니다. 저는 언제나 당신의 충실한 친구랍니다."

호랑이가 말했다.

"그런데 너는 왜 내가 잘못을 할 때마다 내게 충고를 해주지 않는 거지?"

원숭이는 한참을 생각하다가 조심스럽게 말했다.

"저는 호랑이님의 부하이기 때문에 호랑이님이 하는 일이라면 무조건 믿고 따른답니다. 그래서 잘못을 지적한다는 건 생각조차 할 수 없죠. 여우에게 한 번 물어보세요.”

호랑이는 여우에게 가서 물었다. 여우는 눈을 이리저리 굴리더니 대답했다.

“원숭이 말이 맞아요. 이렇게 위대한 호랑이님의 잘못을 어느 누가 찾아낼 수 있겠어요?”

“구성원들이 내게 말을 안 한다. 한다 해도 듣기 좋은 말만 한다. 도대체 구성원들이 무슨 생각을 하고 있는지 알 수가 없다.”

어제 구성원 육성 방안 논의를 위해 찾아 뵈었던 최 상무님이 넋두리처럼 한 말씀이 생각났다. 지위가 올라갈수록 밑바닥 정서로부터 멀어지게 되고 점점 외로워지는 듯하다고 하셨다. ‘아무리 높은 지위도 추위는 이길 수 없다.’는 말이 있듯이 리더들은 고독하다는 말을 종종 한다. 구성원들 입장에서는 리더가 들어서 불편할 말은 되도록 하지 않으려 한다. 혹시라도 리더의 기분을 상하게 해서 좋을 것이 없다고 생각하기 때문이다. 그래서 리더와 구성원 사이에는 벽이 생기게 마련인 듯하다.

지난주에 임원 리더십 평가 결과가 본인에게 공개되었다. 리더십 평가를 주관한 옆 팀의 김 과장에게 물어보니 거의 모든 임원이 100점 만점에 85점 이상의 점수를 받았다고 했다. 강점과 약점을 기술하는 항목에서도 약점은 거의 없었다고 한다. 그나마 약점을 적는 칸에 쓰여진 내용도 이것이 진짜 약점인지 강점인지 모호한 경우가 많다고 했다. 상사에게 피드백을 한다는 것, 더군다나 부정적인 내용을 피드백 한다는 것은 쉬운 일이 아니다. 아무리 무기명으로 피드백 한다고는 하지만 상사의 심기를 불편하게 해서 좋을 건 없다는 생각일 것이다. 그러니 누가 솔직하게 평가하려 할 것인가?

요즘 우리 회사는 이런 저런 목적으로 구성원 대상의 설문이 자주 실시되고 있다. 그런데 최근 들어 그 점수가 날로 최고치를 경신하고 있다. 직급이 높아질수록 평균점수는 더 높아진다. 어떤 설문이든 조직의 평균점수는 조직의 책임자에 대한 평가로 받아들여진다. 설문조사가 끝나면 조직 간에 상대 비교가 이루어지기 마련이어서 낮은 점수를 받은 조직책임자는 휘하의 중간관리자들을 다그친다. 그렇게 되면 다음 번 설문조사를 할 무렵에는 중간관리자들이 구성원들에게 '알아서 기라.'는 무언의 압력을 행사하게 되고, 그 조직의 점수는 수직 상승하게 된다. 조직책임자의 얼굴에 미소가 번진다. 때문에 점수는 설문을 할 때마다 경쟁적으로 상승한다. 하물며 조직책임자 개인의 평가와는 상관도 없는 설문조사에까지 이런 상황인데 리더 개인을 대상으로 하는 리더십 평가는 오죽할까?

우리 팀원들도 분명 내게 말하지 않는 것이 있을 것이다. 나 또한 부장님에게 어떤 것은 걸러서 이야기를 전한다. 부장님 역시 상무님께는 어느 정도는 가려서 전할 것이다. 팀원이 가진 진실이 100이라면 내게 70정도 알려줄 것이다. 나는 그 중 20정도는 필터링하고 50을 부장님에게 전할 것이고 부장님은 또 20이나 30 정도만 위로 올릴 것이다. 흙탕물도 거름종이를 몇 단계 거치다 보면 찌꺼기는 걸러지고 맑은 물만 남듯, 의사소통도 정화되면 듣기에 좋은 향기로운 말만 남게 된다. 그래서 위쪽에서 보는 아래의 풍광은 늘 아름답다. 상무님은 20~30 정도의 아름다운 사실을 근거로 전체를 판단하고 의사를 결정하게 되는 셈이다.

상무님도 사원 시절을 겪었기 때문에 아랫사람의 정서를 완전히 모를 수야 없겠지만 향기로운 말로만 귀를 채우는 데 익숙해지면서 점차 바닥의 정서와 멀어지고 고립되어 간다. 아랫목의 훈기로부터 멀어지게 되면 추울 수밖에 없다. 아주 제한된 정보를 바탕으로 구성원들과 관련된 의사결정을 하다 보면 그들의 정서에 반하는 결정을 하기 쉽다. 그러면 구성원들과 또 한 걸음 멀어지게 된다. 아래에서 멀어지는 공중부양이 시작되면 점점 외로워지고 추워진다. 두 발을 바닥에 든든하게 지지하고 있어야 대지의 기운을 받을 수 있고 외롭지 않다.

사원들로부터 멀어지지 않고 소통이 흐르기 위해서 어떻게 해야 할까?

먼저, 가장 중요한 것은 잦은 접촉을 통해 친밀감을 유지하는 일이다. 사람은 결국 개별적인 존재이기 때문에 개인적인 친밀감이 선행되어야 소통이 흐를 수 있는 통로가 마련될 수 있다. 개별적 접촉은 과외의 교감이 아니라 일을 하는 동안 그들이 내게 편안하게 다가올 수 있도록 마음을 열어두는 것에서 시작되어야 한다. 일을 논의하는 과정에서 감정이 흐를 수 있는 여지를 만들 수 있다면 일석이조一石二鳥다. 친밀감을 쌓기 위해 회식이나 술자리 등 퇴근 후의 시간을 이용할 수도 있지만 근본적인 것은 일을 통해 마음을 여는 것이어야 하리라. 일을 하는 내내 팀원의 마음을 불편하게 해놓고, 술로 그 간극을 메울 수는 없다.

둘째, 내 마음을 터놓을 일이다. 내 마음이 열려야 그들이 비집고 들어올 공간이 마련된다. 나의 솔직한 느낌, 감정을 그들에게 숨기지 않는다. 아는 것은 아는 대로, 모르는 것은 모른다고 그들에게 말한다. 이로서 소통의 통로를 굳건히 하는 신뢰를 만들 수 있다.

셋째, 그들의 성장을 진심으로 돕기 위해 애쓴다. 누구든 성장하고 있다는 느낌을 가질 때 열정을 유지할 수 있다. 여기에 내가 불쏘시개 역할을 한다면 그들과 더 마음을 열 수 있으리라 생각한다.

마지막으로, 한 방향으로 치우치지 않는 균형된 모습을 보여주어야겠다. '상사에게 약하고 부하에게 강한' 모습이 아니라 상사에게도 때로는 주관을 내세우고 팀원들에게도 편안한 모습을 보이는 것이다. 상사의 눈치를 보기 급급하고 내 주장을 하지 못한다면 팀원들은 내

게서 멀어진다. 상사에게는 말 한마디 제대로 하지 못하면서 팀원들에
게 상사의 뜻을 전달하여 이해시키기란 어렵다.

오늘도
칼퇴근하는 후배

오늘 또 세원과 김성주 대리는 일찍 퇴근했다. 시계 바늘이 여섯 시에 이르기 무섭게 그들은 자리에서 일어났다. 다음 주에 보고해야 하는 자료들을 검토하고 있는데 쭈뼛쭈뼛 와서는 먼저 퇴근하겠다고 인사를 했다. 다른 팀원들은 여전히 분주하게 움직이고 있었다. 그들의 몸 놀림으로 봐서는 지금이 퇴근시간이라는 걸 짐작조차 할 수 없었다. 그래서인지 그들도 미안한 감은 있었나 보다. 나는 수고했다는 말과 함께 오른손을 들어 인사를 했다. 웃으며 그들을 배웅했지만 마음은 편치 않았다. 오늘은 그들이 조금 더 일을 해주었으면 하는 바람이 있었기 때문이다. 두 사람이 진행중인 일이 계속 늦어지고 있었고, 수준도 기대에 미치지 못하고 있었다. 때문에 좀 더 자료를 보완하고 깊이 있게 고민을 해주길 바랐다. 그들이 스스로 일정을 관리해서 마감일을 맞추어주길 기대했다.

그런데 그들은 시간이 되면 퇴근해야 하고, 주말이나 휴일이면 지구가 멸망하는 일이 있더라도 쉬어야 한다는 철저한 정신무장을 하고 있는 듯했다. 그리고 '정해진 근무시간 동안에 일을 처리해서 일정에 맞출 수 있으면 좋고, 그렇지 못한다 해도 무슨 문제가 있으랴.'는 듯한 태도를 보였다. 그들은 계획된 시간에 제때 맞추는 경우가 드물었고, 맞춘다고 해도 수준이 기대 이하인 경우가 많았다. 오늘도 두 사람에게 '일정이 촉박한데 어딜 가냐?'거나 '몇 일 뒤에 보고할 자료를 조금 더 고민해야 하는 거 아냐?'고 할 걸 그랬나? 그렇지만 퇴근 시간이 이미 지났고 개인적으로 약속이 있다며 나가는 사람에게 그렇게 말할 수는 없었다.

일과 시간을 바라보는 관점이 나와 다른 것인가? 아니면 리더와 구성원이라는 역할 때문에 발생하는 자연스러운 현상인가? 그들은 회사에서 약속이라는 것을 반드시 지켜야 할 기준이라기보다는 참고사항쯤으로 인식하는 듯했다. 약속한 날짜 혹은 정각을 기준으로 대충 그 언저리를 마감으로 인식하고 며칠 넘기는 것쯤은 대수롭지 않게 여기는 것 같기도 했다. 마감 시한이라는 개념 자체가 그들의 인식 속에는 없는 듯도 했다.

“시간에 일을 맞추지 말고, 일에 시간을 맞추라.”

낮은 파티션 하나를 사이에 두고 앉은 한 과장이 팀원에게 한 말이다. 그의 팀원 중 한 명이 하던 일을 남겨두고 퇴근하려 하자 불러서 고함을 질렀다. 퇴근시간이 되었다고 오늘 마무리 지어야 할 일을 두고 어떻게 퇴근을 할 수가 있느냐는 것이었다. 정해진 업무시간에만 일을 하는 것이 아니라 정해진 납기를 맞추기 위해 일하는 시간을 조정하라는 뜻이었다. 맞는 말이라는 생각이 들었다. 자신을 재료로 일에 가치를 부여하고 그것으로 평가를 받는 시대에, 정해진 시간에만 일을 한다는 사고를 가지고 있다면 이미 그는 경쟁에서 한참 뒤진 셈이다. 스스로 자신의 일에 책임감을 가졌으면 좋겠다고 생각해보았다. 팀원들의 업무진행을 매일 점검해야 하나? 고민이 된다. 한 과장처럼 속 시원하게 그 말을 토해내지 못하는 내가 안타까웠다.

내일은 그들을 만나 이야기를 좀 해야겠다. 일정을 지킨다는 것의 중요함과 책임감에 대해…….

팔은
안으로 굽는다지만……

오전에 제품개발팀의 주임 연구원 한 명을 만났다. 조직구조와 리더십에 관한 대화를 나누다가 그 조직의 임원 이야기를 하게 되었다. 그 임원은 일 년 전쯤에 부장에서 임원으로 승진을 했는데 제품개발 일정을 정할 때 늘 자신이 리더로 있던 부서의 일정을 우선 고려하라고 지시를 한다고 했다.

하나의 제품을 개발할 때는 여러 부서가 동시에 개입되고, 각 부서의 업무특성과 상황을 고려하여 전체적인 개발일정이 수립된다. 그런데 전체 개발 일정은 늘 촉박하기 때문에 어느 한 부서에서 피치 못할 사정 때문에 일정을 지키지 못하게 되면 다른 부서에서 그 만큼의 시간을 만회해야만 한다. 물론 조율이야 하겠지만 가능한 정해진 기

일을 넘기지 않도록 서로 독려하는 것이 일반적이다. 개발부서에서는 고객과 약속한 일정을 지키는 것이 가장 중요한 임무이기 때문에 늘 시간에 쫓긴다. 더군다나 신규 제품 개발에는 새로운 부품과 새로운 프로세스가 필요한 경우가 많아 각 부서 별로 정해진 일정을 맞추는 것이 말처럼 그리 쉬운 일은 아니다.

이런 상황에서 임원 자신이 몸 담았던 부서는 힘든 사정을 잘 이해하고 있다는 이유로 일정 지연에 다소 유연한 반면, 다른 부서는 상황을 고려하지 않고 다그치는 일이 몇 번 반복되자 구성원들 사이에서 불만의 목소리가 터져 나오고 있다고 했다. 또 그 임원은 제품개발 과정에서 어떤 문제가 발생하면 자신이 이끌던 부서보다는 다른 부서에서 문제의 원인을 찾고 해결안을 제시하라고 지시한다고 했다. 신제품 개발과정에서 발생하는 문제는 어느 한 조직에 기인하기보다는 서로 얽혀 있는 경우가 많은데 이러한 의사결정 또한 구성원들의 반발을 사고 있다고 했다. 이런 일련의 상황으로 보아 그 임원은 자신이 리더로 있던 부서를 편애하고 있다고 구성원들은 잠정적인 결론을 내렸다고 했다.

많은 리더들이 자신이 경험했거나 잘 알고 있는 일에 대해서는 의사결정을 할 때 상황을 고려하여 유연성을 발휘한다. 그런데 이런 결정은 자칫 특정 조직을 편애하는 것으로 비쳐질 수 있다. 그 임원의 경우도 특정 부서의 일을 다른 업무보다 더 잘 이해하고 있기 때문에 나타나는, 어쩌면 당연한 현상일 수 있겠다는 생각이 들었다. 차츰 다른 업무에도 익숙해지고 깊이 있게 이해하기 시작하면 달라질 것이라 생각된다.

오후에 미정에게 혹시 내가 누구를 더 좋아해서 편애하는 듯한 인상을 주느냐고 물어보았다.

"호호호호~. 당연하죠, 팀장님!"

그녀는 특유의 수줍은 듯 큰 웃음을 지으며 말했다. 그녀는 나만큼 좋아하는 사람과 무관심한 사람이 분명하게 드러나는 사람도 없을 것이라고 했다.

평소에 나는 팀원들에게 '좋아하는 사람과 그렇지 않은 사람이 분명하다.'고 공공연하게 말하곤 했었다. 이 말을 듣는 사람들은 당연히 내가 좋아하는 이들이다. 물론 직접적으로 그들을 좋아한다고 말하지는 않지만……. '열 손가락 깨물어 안 아픈 손가락 없다.'고 한다. 사실이다. 그렇지만 아픈 정도에는 차이가 날 수도 있다. 그것 또한 사실이다. 무슨 이유 때문인지 몰라도 끌리는 사람이 있다. 나와 오랫동안 일을 함께 했기 때문이기도 하다. 혹은 내게 친절하다거나 일을 잘 도와주었기 때문일 수도 있다. 그렇지만 나는 자신이 맡은 일을 깔끔하게 잘 처리하는 사람을 좋아한다. 자신이 맡은 일을 내가 개입하지 않아도 완벽하게 처리해 내는 사람을 전폭적으로 신뢰하는 편이다.

일단 그 사람을 믿게 되면, 일에 관한 한 그가 어떤 말을 하던 믿는다. 반면 한두 번이라도 일 때문에 속을 썩이는 팀원은 좀처럼 잘 믿지 못하는 편이다. 그가 하는 일은 몇 번이고 확인하고 또 확인해야 마음이 놓인다. 인간적으로 친밀감이 있는 사람이라도 반복해서 실수를 하고 성의 없게 일 처리를 하는 게 보이는 팀원은 결국 미워지기도 했다. 일단 한 사람이 마음에 들면, 논쟁을 할 때 설사 틀린 주장을 하더라도 그의 말을 심정적으로 옹호한다. '아내가 어여쁘면 처갓집 말뚝을 보고도 절한다.'고 하지 않던가? 한 사람이 좋으면 그 사람의 모든 것이 좋게 보인다.

팔이 안으로 굽는 것처럼 자신과 함께 일했던 조직의 구성원들에게 심정적으로 끌리고 그들을 더 잘 이해하는 것, 그리고 자신에게 향기로운 이야기를 하는 사람들에게 마음이 가는 것은 리더이기 이전에 감정을 가진 한 인간으로서 가지는 어쩌면 자연스러운 본성인지도 모른다. 그러나 리더이기 때문에 애써 균형된 시각을 가져야 하고 일부러 치우치지 않는 모습을 보여주어야 할 필요도 있어 보인다. 말처럼 쉽지 않은 일인 줄 안다.

그러나 이것이 좋은 리더와 그렇지 않은 리더를 나누는 잣대가 되어줄 것이라는 것도 나는 안다. 리더는 자신에게 듣기 좋은 말만 하는 사람 혹은 자신이 몸담았던 조직의 구성원만으로 원하는 성과를 만들어 낼 수 없다. 그보다는 훨씬 더 많은 구성원의 참여와 몰입이 있어

야만 최소한 기대하는 수준의 성과 달성이 가능하다. 모두를 끌어안
아야 하기 때문에 리더는 어느 한 쪽으로 휩쓸리지 않는 균형된 시각
을 유지하는 것이 중요해 보인다.

'호불호好不好가 분명한 사람'이라는 말은 칭찬인 듯 싶다가도 조직
생활에서는 주의해야 할 부분이 아닌가 하는 생각이 든다. 감정을 너
무 표현하는 것도 삼갈 필요가 있다.

내년에는 무얼 해서
월급을 받을 것인가

내년도 우리 부서의 업무 계획을 수립하기 위한 관리자 워크숍이 연수원에서 있었다. 강의실에는 간밤에 응축된 공기가 실내를 채우고 있었다. 숨을 들이쉴 때마다 퍽퍽한 공기가 폐부를 압박한다. 막연한 불안감이 엄습했다. 느닷없이 포박당한 심장이 힘겹게 피를 밀어내고 있었다.

해마다 이 때쯤이면 골치가 아프다. 한 해가 저물어 가는 시점이면 '내년도에 무엇을 해서 먹고 살 것인가?', 어느 고참의 표현을 좀 빌리자면, '내년에는 무얼 해서 월급을 받을 것인가?'를 고민해야 한다. 늘 올해와 다른 무엇, 세상을 깜짝 놀라게 할 만한 무엇, 그래서 이목을 집중시킬 수 있는 무엇을 찾아야 한다는 압박감이 가장 심한 시즌이기도 하다. 내년에는 무엇으로 경영 성과에 기여하고 우리의 존재를 깊이 각인시킬 수 있을까? 조직의 리더가 만들어야 할 가장 중요한 과제이기도 하다. 그렇지만 신참내기 관리자인 나에게는 벅찬 임무이기도 하다.

실무자였을 때는 상사가 큰 방향을 잡아 정해주면 시키는 대로 자료를 작성해서 전체자료를 취합하는 담당자에게 전달하면 끝이었다. 그런데 이번부터는 관리자워크숍에 참여하여 향후 우리가 나아가야 할 방향을 잡아나가야 한다.

처음 참석해보는 워크숍. 시간이 지날수록 내년도의 히트 상품을 만들어야 한다는 부담감이 압박해왔다. 몇 시간 머리를 짜내도 쌈박한 아이디어는 나오지 않는다. 우리는 휴식시간을 갖고 바깥바람을 쐬며 담배를 피우기도 해보았지만, 아무것도 '짠~'하고 나타나주지 않았다. 평소에 일을 하면서 고민했던 내용들과 기존에 우리가 하고 있던 프로그램들의 나열 정도에 그칠 뿐, 세상을 깜짝 놀라게 할 만한 개념을 만들어 내기 위해서는 아직 더 많은 산고가 필요해 보였다. 우리는 저녁 늦도록 각 사업부의 요구와 경영이슈, 구성원들의 요구를 분석해놓은 자료를 뚫어지게 쳐다보며 머리를 맞대었지만 번뜩이는 아이디어는 찾지 못했다. 하는 수 없이 우리는 이번 주 동안 각자 더 생각을 한 다음 다음주에 다시 모여 논의하기로 하고 워크숍을 마쳤다.

우리는 늦은 저녁을 먹으며 술잔을 기울였다. 하루 종일 팽팽한 긴장감에 시달린 뒤라 목이 칼칼했다. 마른 입술을 적신 맥주는 맹렬한 속도로 아래로 내달렸다. 맥주 알갱이가 열기로 가득한 위에서 터지며 상쾌한 비명을 질러댔다. 연거푸 500cc 두 잔을 들이부어 타오르는 불을 겨우 잡았다. 맥주 거품을 물고 우리는 내년도에 무엇을 하며 살 것인가에 관한 난상 토론을 이어갔다. 도시를 포박한 어둠이 끝도 없이 깊어 가고 있었다. 우리가 밤새 내뱉은 단어들은 까만 밤 하늘 허공 속으로 잠긴다.

나도 모든 팀원에게
S를 주고 싶다

리더들의 무덤, 최악의 시련기라 불리는 인사평가 시즌이 돌아왔다. 인사평가는 일 년 동안 구성원들이 일군 성과와 개인의 역량을 평가하는 것인데, 평가등급에 따라 승·진급이나 보상에 영향을 미치기 때문에 매우 민감한 사안이다. 특히 최하 등급인 C나 D를 받게 된다면 개별 인센티브도 적을 뿐 아니라 향후 몇 년간 진급 가능성도 불투명할 수 있다. 그래서 구성원들 또한 아주 민감한 반응을 보이는 시기이기도 하다.

성과평가는 개인이 e-HR 시스템을 이용하여 자기 성과와 역량을 평가를 하고 중간관리자가 1차 평가를 한 다음 조직책임자가 최종평가를 하고 평가등급을 부여하는 방식으로 진행된다. 팀원들이 작성한 자기평가 내용을 하나씩 살펴 보았다. 연초에 수립했던 개인의 업무 목표가 나열되어 있고, 아래에는 자신이 한 해 동안 이루어 낸 실적이 일목요연하게 정리되어 있었다. 다들 꼼꼼하게 그간의 수확과 자신의 역량 그리고 강·약점을 기록해놓았다. 그리고 오른쪽에 각 목표의 달성 정도를 상High, 중Middle, 하Low로 평가하고 있었는데, 대부분 '중'에 표시하고 있었고 두 명만 '상'에 체크를 했다.

자신의 평가를 어떻게 보고하는 것이 나을까 잠깐 생각해보았다. 여태까지 나는 한 번도 나의 성과를 '상'으로 평가해 본 적은 없었던 것 같다. 5점 척도로 평가를 할 때에는 4점이나 3.5점 정도로 평가를 했던 것 같고, 상중하 평가에서는 늘 '중'으로 평가를 했던 것 같다. 나의 성과가 그리 크지 못했음을 자백(?)한 경우도 있었고, 조금 겸손하게 보이려 한 적도 있었다. 그런데 나의 평가보고와 상관없이 내 일에 열정을 많이 쏟아 부었던 해에는 어김없이 좋은 평가가 주어졌고, 그렇지 않았던 때에는 낮은 평가가 주어졌던 것 같다. 자신의 성과를 '상'으로 평가한 두 명을 보며 피식 웃음이 났다. 물론 그 두 사람은 일년 동안 열심히 일 했고 성과도 좋았다. 내가 보아도 정당한 평가였지만 스스로 자신의 노력을 드러내보이려 애를 쓰는 모습이 귀여워 보였다.

평가 시즌만 되면 팀장들은 엄청난 스트레스를 호소한다. 심한 경우 편두통과 불면증에 시달리기도 한다. 어제도 팀장 한 명이 내게 고민을 털어놓았다. 그는 우연히 후배들이 평가 결과에 대해 이야기하는 것을 들었다고 했다. 그들은 자신들이 받은 평가에 대해 불만을 터뜨리며 분개하고 있었다고 한다. 당혹스러웠고 난감했다고 했다.

팀장인 이상 누구나 모든 팀원에게 좋은 평가점수를 주고 싶을 것이다. 어떤 팀장이 나쁜 점수를 주어 팀원들로부터 원망을 듣고 싶겠나? 그렇지만 어쩔 수 없이 누군가에게 좋은 점수를 주어야 하고 또 어떤 팀원에게는 상대적으로 그렇지 못한 평가를 해야 한다. 팀장 대상의 리더십교육에서 참가자들의 질문과 요청, 나아가 볼멘 소리가 가장 많은 부분이 평가와 관련된 교육이다. 답변을 하는 인사팀장조차 곤혹스러워 할 정도다. 질문과 불만의 요지는 '왜 C·D등급을 일정 비율로 강제로 할당해야 하는가? C·D를 부여하지 않으면 안 되는가?', '어떻게 하면 구성원들의 불만을 최소화할 수 있을까?' 등이다. 그들은 특별히 역량이 뛰어나고 일을 잘 하는 사원도 많지 않지만 특출 나게 떨어지는 사원 또한 거의 없다면서 상대평가를 통해 팀원들의 서열을 나누어야 하는 심적 고통을 토로했다.

평가가 끝나고 나면 공정성 시비가 끊이지 않는다. 어느 취업 포털 사이트에서 남녀 직장인을 대상으로 조사한 결과를 보면, 인사평가에 대해 10명 중 6명이 자신이 공정한 평가를 받지 못한다고 인식하는 것으로 나타났다. 그런데 평가자들은 75.3%가 공정하게 평가를 했다고 응답했다고 한다. 우리 회사의 경우도 크게 다르지 않아 보였다. 대개 자신의 기대에 미치지 못한 평가를 받은 사람들은 삼삼오오 모여 결과에 대해 울분을 터뜨린다.

후배 한 명도 언젠가 내게 평가결과에 대해 불만을 털어놓은 적이 있었다. 그의 팀장은 평소에 그와 대화를 할 때마다 그가 일을 잘하고 있고 역량 향상 속도도 빠르기 때문에 많은 기대를 하고 있다며 칭찬하고 격려도 많이 하더니, 그에게 전혀 뜻밖의 평가등급을 부여했다는 것이었다. 그를 더 화나게 만든 건 팀장으로부터 평소에 일을 주도적으로 잘 하지 못하고 태도에도 문제가 있다고 자주 지적을 받던 동료가 그보다 좋은 평가를 받았다는 사실이었다. 팀장의 행동에 분개했고, 일 할 의욕이 완전히 사라졌다고 했다. 그는 차라리 팀장이 평소에 말이나 하지 않았다면 이만큼 화가 나지는 않았으리라고 했다. 팀장과 관련된 모든 것이 싫어졌다고 했다. 팀장에 대한 신뢰는 쓰레기통에 버렸다고 했다.

인사팀에서도 평가의 공정성을 확보하기 위해 많은 노력을 기울이고 있지만 쉽지는 않아 보인다. 물론 성과와 관련된 모든 요소를 정확히 반영하여 구성원들의 주관적 판단과 일치할 수밖에 없는 완벽한 평가 시스템을 만들 수 있다면 문제는 간단히 해결되겠지만, 이러한 평가시스템을 만드는 것은 불가능하다. 따라서 평가자가 강한 책임감을 가지지 않는다면 공정한 평가란 존재할 수 없다. 아무리 정교한 평가 시스템과 제도를 가지고 있다 하더라도 결국 평가자가 종합적으로 판단하여 최종 평가 등급을 직접 매기는 것이 일반적이기 때문이다. 평가 제도가 아무리 정밀하게 설계되었다고 하더라도 이것이 제대로 운영되지 못하면 평가 결과는 얼마든지 왜곡될 수 있다. 따라서, 평가자는 책임감을 가져야 한다.

리더는 정말 어렵다. 백 번을 잘 하다가도 한 번 잘못으로 모든 것이 날아가버린다. 이것이 리더의 숙명인지도 모른다. 그래서 인간적으로 친한 구성원이라 할지라도 성과평가의 후폭풍을 생각한다면 평소에 근거 없이 장밋빛 희망을 남발하지 말아야 하고 객관성을 유지해야 한다. 리더 또한 사람인 이상 개인적으로 고분고분 말을 잘 듣고 자신의 의견에 대항하지 않는 구성원을 좋아할 수 있다. 또 아무리 일을 잘 하는 구성원이라도 어떤 연유로든 한 번 '찍히면' 끝인 리더도 있다. 그러나 리더가 평가에서 공정성을 잃어버리면 리더십 발휘의 가장 근본이 되는 신뢰를 잃어버릴 수 있다. 때문에 평가에 신중해야 한다. 신뢰가 없는 리더의 리더십은 유연하게 작동하기가 어렵다.

성과평가, 진짜 어렵다. 평소에 나는 일상관리를 잘 했는지, 혹시 장밋빛 선물을 뿌리고 다닌 건 아닌지 걱정도 된다. 내일은 개인 면담을 해야겠다. 서서히 두통이 느껴진다.

시간이 지날수록
결정을 내리는 게 점점 힘들어진다

내년도에 해외 법인과 지사에 파견할 대상자를 사전 육성하기 위한 프로그램 설계 초안을 송 대리와 함께 검토했다. 내부에는 마땅히 참고할만한 자료가 없었고, 이와 유사한 프로그램을 가진 다른 회사는 우리의 상황과 달랐다. 우리는 두 가지 안을 만들어 각각의 장단점을 검토하고 있었다. A안을 선택할 경우에도 몇 가지 걸리는 부분이 있고, B안을 선택하려 해도 또 형평성에 문제가 있어 곤란한 상황을 맞닥뜨리게 된다. 나는 더 효과적인 방법을 찾기 위해 생각에 생각을 거듭하고 있었다.

"그만 결정하고 가시죠. 밤 새겠습니다."

송 대리가 말했다. 송 대리는 내가 '별것도 아닌 것을' 쉽게 결정하지 못하고 시간만 죽이고 있다고 생각할 수도 있을 것 같다. 나도 팀원일 때는 그랬었다. 시간이 지날수록 의사결정 하기가 점점 어려워진다. 이것 저것 재야 할 것들이 많아진다. 의사결정을 한다는 것은 그 일의 결과에 대해 책임을 진다는 뜻이기 때문이다. 이렇게 하면 정말 잘 될 수 있을까? 혹시 잘못된 결과로 이어지지는 않을까? 내가 좋다고 올린 의견을 부장님은 마음에 들어 할까? 이것보다 더 좋은 방법은 없을까……? 결정을 내려야 할 순간에는 별별 생각이 다 든다. 사안이 중요하면 중요할수록 더 결정을 내리기 쉽지 않고 신중해진다. 후배들은 왜 그렇게 결단력이 없느냐고 불만을 터뜨리기도 한다. 그럴 때면 '네가 해보라.'고 말하고 싶은 생각이 턱 밑까지 차오르기도 한다.

호방하게 과감한 의사결정을 내리시는 분들을 보면 부럽다. 어떻게 그렇게 간단하게 의사결정을 할 수 있을까? 자신이 있고 확신이 있기 때문일까? 축적된 경험과 지식의 소산일까? 물론 아직까지는 최후의 보루 부장님이 있기 때문에 그나마 안심이 되는 것도 사실이다. 중요안건이라며 의사결정을 넘기면 되니까. 나도 빨리 확신을 가지고 과감한 결정을 하고 자신 있게 일을 추진해갈 수 있으면 좋겠다. 시간이 필요하겠다.

한 해를 돌아보며,
그리고 내년을 위한 메모

새색시가 김장 30번만 담그면 늙고 마는 인생. 우리가 언제까지나 살 수 있다면 시간의 흐름은 그다지 애석하게 여겨지지 않을 것이다. 그러기에 세모歲暮의 정은 늙어 가는 사람이 더 느끼게 된다. 남은 햇수가 적어질수록 1년은 더 빠른 것이다.

－《송년(피천득 저)》

'새색시가 김장 30번만 담그면 늙고 마는 인생'이라는 말이 가슴에 와 닿는다. 이 맘 때면 어김없이 주소록을 꺼내 그동안 나와 인연을 맺었던 사람들의 이름을 불러 본다. 1년 전 이맘때 보고는 처음 보는 이름도 있고, 더러는 낯설어진 이름도 있다. 바로 어제 통화를 했던 친구들의 이름도 눈에 띈다. 오래 전 책갈피에 꽂아두었다가 잊고 있었던 비상금을 찾아낸 듯 반가운 이름을 발견해내기도 한다. 이름 하나 하나에 눈길을 주고 있으면 그와의 아름다웠던 추억이 밀려와 가슴속에 짠한 물그림자를 남긴다. 나도 모르게 '아!'하는 탄성이 흘러나온다. 지금 그 친구는 무엇을 하고 있을까 궁금해 전화기를 들기도 한다. 처음 얼마 동안은 시간의 간격만큼 어색함이 흐르지만 이내 어제도 보았던 사이처럼 친밀함이 되살아난다.

달력에 마지막 한 장이 힘겹게 매달려 있다. 한 해가 저물고 있다. 지난 한 해에게는 추억이라는 이름표를 붙여두고 새로운 시간을 향해 나아가야 할 때다. 모두가 잠든 시각, 조용히 혼자서 지난 한 해를 돌아본다. 참으로 많은 일들이 있었고 좋은 사람들 덕분에 몇 번의 큰 파도를 순조롭게 잘 넘기기도 했다. 모두에게 고마운 일이다. 나는 참 사람 복이 많은 것 같다. 처음 리더 역할을 맡아 서투른 길을 걸어왔지만 부장님과 동료, 후배들의 도움으로 큰 사고 없이 달려왔다. 팀장 경험은 내게 리더로서 산다는 것의 의미를 생각해 볼 수 있었던 좋은 기회였다.

처음에는 막연히 두려웠고 긴장되고 떨렸다. 속 쓰린 실수를 한 날도 많았는데, 다음에 같은 상황에 직면한다면 지금보다는 잘 해낼 수 있을 것이라 스스로 위로했던 때도 있었다. 거의 매일 실수투성이였지만, 가을이 익어갈 무렵에는 실수의 빈도도 줄어들기 시작했다. 어떤 때는 내가 정말 잘 해냈다는 느낌이 드는 날도 가끔 있었다. 기분이 좋았다. 하루가 지나면 어제보다 조금이라도 나아졌다는 생각이 들어 가슴이 뿌듯했다. 처음으로 뜨개질을 배워 엉성하게 짠 거친 털장갑 같은 한 해였지만 그리 나쁘지만은 않았고 나 스스로 만든 작품이 자랑스럽기까지 했다. 물론 서툰 솜씨 때문에 속이 탔을 후배들을 생각하면 미안한 마음에 부끄럽기도 하다. 그렇지만 내년에는 좀 더 매끄러운 장갑을 선물할 수 있을 것이라 변명을 해본다.

매년 12월 마지막 주가 되면 한 해를 돌아보고 주소록을 정리하며 고마웠던 사람들에게 연락하는 것 말고도 두 가지 더 하는 일이 있다. 하나는 내년도 플래너에 꼭 기억해야 할 일들을 메모해놓는 일이다. 지난 주에 구입해두었던 플래너를 꺼내 조립을 마쳤다. 월간 일정표에 표시되어 있는 소중한 사람들의 생일이나 기념일과 가족의 주요 행사 그리고 꼭 해야 할 일 등을 새 플래너의 일정표에 꼼꼼하게 옮겨두고, 중요한 일정은 분홍색 형광펜으로 표시했다. 12월까지 정리를 하고 나니 벌써 한 해가 다 지나간 느낌이다. 일정들을 따라가다 보면 한 해가 이렇게 쉽게 지나간다. 아직 시작되지도 않은 새 해가 다 흘러가버린 듯한 이 느낌은 잠깐 동안 감상에 젖게 한다. '한 해만 더 지나면 아버지께서 일흔이 되시는구나…….'

일정 표시가 끝나면 마지막으로 내년을 위한 메모를 적고, 플래너를 펼칠 때마다 볼 수 있도록 투명한 간지 사이에 끼워 둔다. 내년을 위한 나만의 메모는 다음과 같이 시작된다.

"매일 15분 정도 혼자만의 시간을 가지고 견습 리더로서의 하루를 반성한다."

"30권의 좋은 책을 읽고 정리하여 꿰뚫어 놓는다."

"매주 한 편의 칼럼을 쓴다. 이것들을 모아 연말에 한 권의 책으로 엮어 낸다."

"두 편의 논문을 써서 출간한다. 주제는 혁신과 성장, 그리고 리더십이다."

"'내 꿈 혁명 프로젝트'와 '우리 팀 혁명 프로젝트' 워크숍 프로그램을 설계하고 개발한다."

"혁신과 성장, 리더십을 주제로 한 블로그를 만들어 세상과 함께 소통한다."

"팀원들이 그들의 꿈을 이룰 수 있도록 내가 할 수 있는 모든 것을 다해 돕는다. 그들의 성공 또한 나의 성공이니까."

"가족과 함께 일주일간의 여행을 한 번 다녀온다."

이를 위해,

"아침에 두 시간을 확보하여 아무런 방해도 받지 않고 책을 읽거나 글을 쓴다."

"일주일에 세 번 테니스로 건강을 다진다. 건강이 가장 먼저다."

"식탐을 줄이고 깨끗한 것으로 나를 채운다."

"주중에 술을 마시지 않고, 쓸데없는 약속을 잡지 않는다. 업무상 피할 수 없는 경우라도 1차에서 마무리 하고 과음하지 않는다."

매년 이렇게 내년을 위한 메모를 적고 다짐을 하지만, 이런 저런 이유 때문에 잘 지켜지지 않았던 해가 많았다. 그렇지만 지난해에 회식을 하더라도 1차에서 끝내고, 운동을 하거나 책을 읽으려 부단히 애썼던 순간들을 생각하면 미소가 지어진다. 스스로 대견하고 칭찬하고 싶어졌다. 내가 계획한 일들을 이루기 위해 쓸데없는 약속을 만들지 않고, 특히 주중에 술을 마시지 않는다는 원칙, 그리고 운동을 통해 심신을 젊고 건강하게 유지하자는 약속은 어떠한 유혹에도 굴하지 않으리라 다짐해본다.

나의 전문성을 키우고 리더로서의 경험과 지혜를 보다 농밀하게 채우는 데 필요한 자양분을 섭취하며 하루하루를 잘 보내고 난 뒤 충만한 모습으로 우뚝 서 있을 나를 생각만 해도 가슴이 뛴다.

리더가 되어보아야 리더의 심정을 헤아릴 수 있다

'부모가 되어보아야 부모의 마음을 헤아릴 수 있다.'는 말을 한다. '부모'라는 단어를 '리더'로 바꾸어도 말이 통한다. '리더가 되어보아야 리더의 심정을 헤아릴 수 있다.' 마냥 속 편해 보이고 할 일도 별로 없을 것 같던 리더였는데 막상 내가 그 자리에 올라보니 팀원의 시각에서 보던 것과는 너무도 다른 세상이었다. 성과를 만들어야 한다는 압박이 온 몸을 포박하고는 옥죄어 온다. 새로운 프로젝트가 시작되면 잠도 오지 않는다. 새벽에서야 겨우 잠들곤 하는 생활이 계속되기도 한다. 리더는 늘 뒷목이 뻐근하다.

일도 일이지만 '내 맘 같지 않아' 골치를 썩이는 팀원들 때문에 속으로 곪는다. 대부분의 팀원들은 리더가 기대하는 방향으로 움직이기 위해 애를 쓰지만 그렇지 않은 팀원도 있다. 또 원하는 방향으로 노력을 하더라도 기대하는 수준의 성과를 보이지 못하는 경우도 있다. 기대 수준에 미치지 못하는 팀원과 골치덩어리 팀원을 데리고 조직이 원하는 성과를 만들어 내야 하는 리더의 고충은 겪어보지 않으면 알 수 없다. 초보리더인 경우에는 서툴기 때문에 고통은 더하다.

나는 팀원 시절 상사들의 속을 참 많이도 썩였던 것 같다. 내 나름의 논리를 내세워 상사를 곤란하게 한 적도 있었고, 어떤 때는 그분들께 감히 반항(?)도 했다. 나의 이런 행동에 그분들은 늘 한결같이 미소를 머금거나 '허허허' 웃으시며 내 의견을 받아들이거나 친절하게 다시 설명해주시곤 하셨다. '리더들은 원래 저렇구나.'하며 대수롭지 않게 생각했었다. 그런데 내가 리더의 위치에 오른 지 일주일도 못되어 그 분들의 심정을 단박에 깨달았다. 나와 똑같은 놈(?)이 내 팀원 중에 있었던 것이다. '나 같은 놈을 데리고 그분들은 얼마나 힘들었을까?'하는 생각이 섬광처럼 머리를 때렸다. 일순간에 정신이 번쩍 들었다. 나는 부장님께 심경을 고백하지 않을 수 없었다. 그 분은 그 때조차도 '허허허' 웃었다. 이후로 내가 모시는 모든 리더가 위대해 보였고 존경스러워 보였다. 나 같은 골치덩어리를 무리 없이 다루는 그 내공 하나 만으로도 한없이 크고 넓어 보였다.

나는 여전히 서툴다. 그렇지만 내가 비틀거리면서도 포기하지 않고 길을 걸을 수 있는 것은 지금까지 내가 만났던 많은 좋은 리더들의 가르침이 등불이 되어주고 있기 때문이다. 지금까지 가까이에서 온 몸으로 리더의 길을 보여주셨던 분들께 진심으로 감사 드린다.

K팀장은 삼각김밥을 좋아한다

초판 1쇄 발행 2010년 11월 25일
초판 2쇄 발행 2010년 12월 15일

지은이 문재승
펴낸이 김선식
펴낸곳 (주)다산북스
출판등록 2005년 12월 23일 제313-2005-00277호

PD 이혜원
DD 황정민
다산북스 임영묵, 이혜원, 김다우
디자인본부 최부돈, 황정민, 김태수, 조혜상, 김희준
마케팅본부 모계영, 신현숙, 김하늘, 박고운, 권두리
광고팀 한보라, 박혜원
온라인마케팅팀 하미연
저작권팀 이정순, 김미영
미주사업팀 우재오
경영지원팀 김성자, 김미현, 김유미, 유진희, 정연주

주소 서울시 마포구 서교동 395-27번지
전화 02-702-1724(기획편집) 02-703-1725(마케팅) 02-704-1724(경영지원)
팩스 02-703-2219
이메일 dasanbooks@hanmail.net
홈페이지 www.dasanbooks.com

필름 출력 스크린그래픽센타
종이 한서지업(주)
인쇄 · 제본 (주)현문

ISBN 978-89-6370-460-9 (03320)